C.H.BECK ■ WISSEN

in der Beck'schen Reihe

W0054468

Thorsten Roelcke geht es in diesem Buch um die geschichtliche Entwicklung der deutschen Sprache – und um die Frage, warum das Deutsche heute so ist, wie es eben ist. Dabei steht die Entwicklung des sprachlichen Systems im Deutschen selbst im Vordergrund und wird auf ihre sozialen und kulturellen Bedingungen hin betrachtet. Es werden die verschiedenen Ebenen der sprachlichen Entwicklung verfolgt, wie die von Laut und Schrift, Grammatik, Wortschatz oder Mundart und Standardsprache.

Thorsten Roelcke ist Professor für deutsche Sprache und ihre Didaktik an der Pädagogischen Hochschule Freiburg im Breisgau.

Thorsten Roelcke

GESCHICHTE DER DEUTSCHEN SPRACHE

Verlag C. H. Beck

Originalausgabe
© Verlag C. H. Beck oHG, München 2009
Satz: Fotosatz Reinhard Amman, Aichstetten
Druck und Bindung: Druckerei C. H. Beck, Nördlingen
Umschlagentwurf: Uwe Göbel, München
Printed in Germany
ISBN 978 3 406 56280 8

www.beck.de

Inhalt

Vorwort

«Wer fremde Sprachen nicht kennt, weiß nichts von seiner eigenen.» Dieser nur allzu oft bemühte Satz von Johann Wolfgang von Goethe birgt eine Weisheit, die sich nicht allein auf einzelne Sprachen wie das Englische, Chinesische oder das Suaheli bezieht, sondern auch auf die verschiedenartigen Gebrauchsweisen solcher Einzelsprachen selbst. Ein Blick auf die folgenden beiden Beispiele zeigt dies:

Fater unseer, thū pist in himile
uuīhi namun dīnan, qhueme rīhhi dīn
uuerde uuillo diin, sō in himile sōsa in erdu.

Frage ich, wie viele 9 folgen unmittelbar nacheinander auf 3,1415 in der Entwicklung von π, und soll sich die Frage auf die Extension beziehen, so lautet die Antwort entweder, daß man bei der Entwicklung der Extension bis zur letztentwickelten (N-ten) Stelle über die 9-Reihe hinausgekommen ist, oder, daß bis zur N-ten Stelle 9 aufeinander folgen. Dann aber konnte auch die Frage keinen anderen Sinn haben, als den: ‹Sind die ersten N – 5 Stellen von π lauter 9 oder nicht?› – Das ist aber freilich nicht die Frage, die uns interessiert.

Der erste dieser beiden Texte stellt den Anfang des Vaterunsers dar und stammt aus dem alemannischen Mundartraum des 8. Jahrhunderts, der zweite findet sich in den «Philosophischen Bemerkungen» des Philosophen Ludwig Wittgenstein aus der ersten Hälfte des 20. Jahrhunderts. Gemeinsam deuten sie eine sprachgeschichtliche Spanne an, die von religiösen Quellen mundartlicher Prägung bis zu philosophischen Texten mit wissenschaftssprachlicher Orientierung reicht und über 1300 Jahre umfasst. Beide Texte weichen erheblich von der Sprache im Alltag ab und vermitteln einen ersten Eindruck davon, wie verschiedenartig der Sprachgebrauch auch innerhalb einer einzelnen Sprache sein kann – je nachdem, welche persönlichen, räumlichen, fachlichen oder gesellschaftlichen Bedingungen in dem betreffenden Augenblick gerade herrschen.

In dem vorliegenden Band geht es um die geschichtliche Entwicklung der deutschen Sprache – und um die Frage, warum das Deutsche heute so ist, wie es eben ist. Im Einzelnen stehen dabei folgende Gesichtspunkte im Vordergrund: Wo liegen eigentlich die Ursprünge der deutschen Sprache? Bestimmt die Art und Weise, wie das Deutsche gesprochen wird, die Gestaltung seiner Schriftsprache – oder vielmehr umgekehrt? Entwickelt sich die deutsche Grammatik zu strengeren Normen hin und hat deren schriftliche Aufzeichnung dabei eher einen beschreibenden oder eher einen vorschreibenden Charakter? Nimmt das Wissen der deutschen Sprachgemeinschaft über die Jahrhunderte zu, und erweitert sich dabei auch ihr Bestand an einzelnen Wörtern und Begriffen? Aus welchem Grund und auf welchem Wege bildet sich die deutsche Literatur- oder Standardsprache heraus, und in welchem Verhältnis steht sie dabei zu Mundarten, zur Sprache der Dichtung oder zu Fachsprachen? Und schließlich: Lassen sich einzelne Perioden im Rahmen der deutschen Sprachgeschichte unterscheiden und durch geeignete Merkmale charakterisieren? Die Beantwortung dieser und weiterer Fragen soll einen Beitrag dazu leisten, die Geschichte der deutschen Sprache näher kennen zu lernen und die deutsche Gegenwartssprache vor deren Hintergrund besser beurteilen und bewerten zu können.

Die vorliegende Darstellung wendet sich dabei an all diejenigen, die sich in der Schule oder im Beruf oder aus eigenem Interesse mit der deutschen Sprache und ihrer Geschichte beschäftigen möchten; sie ist nicht für Fachwissenschaftler (Linguisten oder Germanisten) geschrieben. Sprache wird im Folgenden als ein vielschichtiges Mittel der Kommunikation verstanden, das die sozialen und kulturellen Verhältnisse der Gesellschaft, in der sie verwendet wird, widerspiegelt. Dabei werden (auch gegenüber anderen kurzen Darstellungen der deutschen Sprachgeschichte) zwei Akzente gesetzt: Zum einen steht die Entwicklung des sprachlichen Systems im Deutschen selbst im Vordergrund und wird auf ihre sozialen und kulturellen Bedingungen hin betrachtet; es wird also in der Regel nicht von der Sozial- und Kulturgeschichte, sondern von den einzelnen Sprachveränderungen ausgegangen. Zum anderen werden verschiedene Ebenen der sprachlichen Entwicklung wie die von Laut und Schrift, Grammatik oder Wortschatz jeweils in eigenen Kapiteln behandelt, die auch unabhängig voneinander gelesen werden können; ein Gesamtabriss findet sich am Schluss im Rahmen der Darstellung sprachgeschichtlicher Perioden.

Diese kleine «Geschichte der deutschen Sprache» ist in einer Zeit wiederholter beruflicher Veränderungen entstanden. Dabei waren mir meine Schülerinnen und Schüler am Kolleg St. Blasien stets eine wertvolle Begleitung: Ihnen sei das vorliegende Bändchen in Dankbarkeit gewidmet.

Freiburg, im Frühjahr 2009 *Thorsten Roelcke*

1. Woher kommt die deutsche Sprache?

1.1 Indoeuropäisch

Woher kommt eigentlich das Deutsche: Von welcher Sprache stammt es ab und mit welchen Sprachen ist es verwandt? Auf diese Fragen eine befriedigende Antwort zu finden, war und ist für viele Germanisten eine große Herausforderung. Zum einen deshalb, weil mit ihrer Beantwortung unser Platz unter den Sprachen und Völkern dieser Erde überhaupt erst deutlich wird, und zum anderen auf Grund dessen, dass hierzu kaum sprachliche Zeugnisse vorliegen, auf die man zurückgreifen könnte. Und so wird die Vorgeschichte der deutschen Sprache in zweifachem Sinne zu einem spannenden Thema, dem man sich von wissenschaftlicher Seite mit viel kriminalistischem Spürsinn gewidmet hat.

Vergleicht man beispielsweise das deutsche Wort *Vater* mit bedeutungsgleichen Ausdrücken anderer moderner Sprachen in Europa, stellt man rasch gewisse Ähnlichkeiten fest – so etwa im Falle von englisch *father* oder italienisch *padre*. Aus solchen und zahlreichen weiteren Beispielen kann man dann schließen, dass all diese Sprachen ganz offensichtlich miteinander verwandt sind und eine gemeinsame Geschichte haben. Ein Blick in die Vergangenheit bestätigt dies für das genannte Beispiel sofort: So lauten bereits die entsprechenden Bezeichnungen im Lateinischen *pater* oder im Gotischen *fadar*. Doch solche Gemeinsamkeiten, wie sie durch die sog. **Allgemeine und Vergleichende Sprachwissenschaft** festgestellt werden, reichen noch weit über die neueren und älteren Sprachen Europas hinaus – etwa, wenn man (um bei dem Beispiel zu bleiben) innerhalb der altindischen Sprache dem Wort *pitar* begegnet. Diese und viele weitere Befunde lassen also deutlich werden, dass zwischen zahlreichen Sprachen Europas und Asiens eine Verbindung besteht. Man nennt sie daher auch die *indogermanischen* oder besser: *indoeuropäischen* Sprachen.

Ob es nun eine indoeuropäische Ursprache gab, aus der sich dann verschiedene Sprachfamilien und Einzelsprachen entwickelt haben, ist bis heute nicht restlos geklärt. Der Sprachwissenschaft ist es zwar durchaus gelungen, aus deren lautlichen Gemeinsamkeiten und Unterschieden so etwas wie einen **ursprünglichen indoeuropäischen Sprachzustand** zu rekonstruieren (was hier etwa zu dem Ausdruck *päter* führt): Doch liegt angesichts moderner Erkenntnisse über die frühe Menschheitsgeschichte die Vermutung nahe, dass diese Rekonstruktion kaum eine einzelne Sprache, sondern eher einen mehr oder weniger losen Bund verschiedener Sprachen oder Mundarten widerspiegelt, die sich auf Grund kultureller und wirtschaftlicher Kontakte ihrer Sprecher wechselseitig beeinflusst haben.

Der Lebensraum dieser Menschen, die Ackerbau und Viehzucht betrieben, mögen Heide- und Savannengebiete im Südosten Europas gewesen sein: Auch dies lässt sich unter anderem anhand von sprachlichen Vergleichen vermuten. In der Folge unterschiedlicher **Wanderungs- und Siedlungsbewegungen** hat sich das Indoeuropäische dann von hier aus in den asiatischen wie in den europäischen Raum weiter verbreitet und dabei verschiedene Sprachfamilien ausgebildet. Der genaue Zeitpunkt dieser Verbreitung ist nur schwer auszumachen. Jedoch gibt es einige Indizien (wie zum Beispiel das Fehlen einer gemeinsamen Bezeichnung für Eisen), die darauf schließen lassen, dass die Trennung einzelner Sprachfamilien etwa auf das 3. Jahrtausend v. Chr. zurückgehen muss.

Zu den **indoeuropäischen Sprachfamilien** zählen in Asien das Indische (mit der alten Religionssprache Sanskrit und dem modernen Hindi), das Iranische (Neupersisch, Kurdisch und andere) und das Armenische. In Europa unterscheiden wir folgende Familien: Griechisch, Albanisch, Romanisch (unter anderem mit Latein, Italienisch, Spanisch, Portugiesisch, Französisch und Rumänisch), Keltisch (in Irland und Schottland), Baltisch (in Litauen und Lettland), Slawisch (Russisch, Polnisch, Tschechisch, Slowakisch, Slowenisch, Serbisch und Kroatisch, Bulgarisch und andere) und nicht zuletzt das Germanische (neben Deutsch mit den Einzelsprachen Englisch, Niederländisch, Norwegisch, Dänisch, Schwedisch und Isländisch). Daneben werden in Europa aber auch noch andere Sprachen gesprochen, die nicht indoeuropäischen Ursprungs sind, sondern zu anderen Sprachfamilien gehören; hierzu zählen das Türkische (das zu den Turksprachen zählt), das Finnische und das Ungarische (die zur finno-ugrischen Sprachfamilie gehören) sowie das Baskische (als einzige vorindoeuropäische Sprache in Westeuropa, die noch heute gebraucht wird).

1.2 Germanisch

Das Deutsche gehört also zur germanischen Sprachfamilie. Was aber zeichnet nun die germanischen gegenüber anderen indoeuropäischen Sprachen aus? Zunächst einmal ihre **räumliche und zeitliche Einordnung:** Etwa zwei Jahrtausende vor Christi Geburt beginnen sich germanische Stämme in einem Gebiet westlich der Ostsee niederzulassen und dabei eigene kulturelle wie auch sprachliche Traditionen zu entwickeln. Dass dies in Auseinandersetzung mit anderen Völkern (darunter auch mit den südlich hiervon siedelnden Kelten) geschieht, ist noch immer an dem Wortschatz der germanischen Sprachen zu erkennen, von dem etwa ein Drittel nicht in anderen indoeuropäischen Sprachen wieder zu finden ist; hierzu gehören vor allem Wörter aus den Bereichen Schifffahrt (zum Beispiel *Kiel, Mast* oder *Ebbe*), Gesellschaft (beispielsweise *König, Adel* oder *Volk*) oder auch Kriegswesen (unter anderen *Krieg, Friede* oder *Schwert*).

Darüber hinaus zeigen die germanischen Sprachen eine eigene **lautliche Entwicklung,** die erst um 500 v. Chr. als abgeschlossen gelten kann. Diese Lautentwicklung ist vor allem durch zwei Erscheinungen geprägt. Die erste besteht in dem sog. Akzentwandel, bei dem sich die Betonung innerhalb einzelner Wörter ändert: In den indoeuropäischen Sprachen kann die Betonung auf verschiedenen Silben liegen und bei der Wortbeugung (Flexion) wechseln; zum Beispiel im Lateinischen bei *Germáni* (Nominativ Plural) und *Germanórum* (Genitiv Plural). In den ger-

manischen Sprachen wird dagegen nach Abschluss des Akzent-
wandels zumeist allein die Stammsilbe betont; so etwa im
Deutschen bei *Lób*, *lóben* und *verlóben*. Die zweite Erscheinung
wird als *erste* (oder: *germanische*) *Lautverschiebung* bezeichnet.
Sie tritt als sog. Lautgesetz regelhaft auf und betrifft eine ganze
Reihe an Mitlauten (Konsonanten). Dies ist anhand folgender
Aufstellung, in der einige germanische und englische Wörter ihren indoeuropäischen Entsprechungen gegenübergestellt werden,
leicht abzulesen (dabei sind die mit * gekennzeichneten Wörter
rekonstruiert, die indoeuropäischen Laute *bh*, *dh* und *gh* werden
jeweils gehaucht gesprochen):

	Indoeuropäisch		Germanisch	Englisch
p	*päter*	f	*fadar*	*father*
t	*tod*	th	*thata*	*that*
k	*ker*	h	*haúrn*	*horn*
b	*ablu*	p	*apli*	*apple*
d	*dwou*	t	*twai*	*two*
g	*agros*	k	*akrs*	*acre*
bh	*bher-*	b	*bairan*	*bear*
dh	*medhios*	d	*midjis*	*middle*
gh	*ghabh*	g	*giban*	*give*

Die **grammatischen Besonderheiten**, die die germanischen von
den anderen indoeuropäischen Sprachen unterscheiden, sollen
hier nur kurz erwähnt werden: Erstens die Vereinfachung der
Beugung von Substantiven und Adjektiven (Deklination) von
acht Fällen (Kasus) auf sechs und weniger. Zweitens die Vereinfachung der Verbbeugung (Konjugation), wobei zum einen Ein-
zahl und Mehrzahl (Singular und Plural) erhalten bleiben und
der Dual (der eine Zweiheit zum Ausdruck bringt) nach und
nach verschwindet und zum anderen die Aussageweisen (Modi)
von fünf auf drei (Indikativ, Konjunktiv und Imperativ) vermin-
dert werden. Und drittens die Herausbildung der doppelten
Beugung von Adjektiven, bei der Adjektive entweder stark oder
(bei bestimmtem Artikel) schwach dekliniert werden.

Die ältesten sprachlichen Zeugnisse des Germanischen sind

uns von den Römern überliefert. Diese Überlieferungen zeigen, dass die Sprache der Germanen um Christi Geburt mehr oder weniger einheitlich, also ohne größere regionale Abweichungen verwendet wurde. Eine Aufspaltung dieses sog. **Gemeingermanischen** in verschiedene Einzelsprachen erfolgt erst in den kommenden Jahrhunderten mit einer zunehmenden Verselbständigung einzelner germanischer Stämme im Rahmen der sog. Völkerwanderung. Die allgemein übliche Fünf-Gliederung dieser Stämme in Nordgermanen, Nordseegermanen, Weser-Rhein-Germanen, Elbgermanen und Oder-Weichsel-Germanen ist bis heute nicht unumstritten. Dies ist auch kaum verwunderlich: Sind deren Kultur und Sprachen doch nur bruchstückhaft und erst ab dem 8. Jahrhundert schriftlich überliefert – mit wenigen Ausnahmen, allen voran der gotischen Bibelübersetzung des Bischofs Wulfila aus der Mitte des 4. Jahrhunderts, welche uns in einer Abschrift vorliegt, die um das Jahr 600 in Italien angefertigt wurde. Der Beginn des «Vater unser» lautet hier etwa (um nur ein kurzes Beispiel für germanische Sprache zu geben): *Atta unsar, þu in himinam. / weihnai namo þein.* (der Buchstabe *þ* ist hier wie das englische *th* auszusprechen).

1.3 Deutsch

Viele dieser germanischen Sprachen und Mundarten sind im Laufe der Geschichte verloren gegangen. Diejenigen, die überlebt haben, lassen wieder ein genaueres Bild erscheinen: So unterscheiden wir heute die nordgermanischen Sprachen Schwedisch, Norwegisch, Dänisch, Isländisch und Färöisch sowie die westgermanischen Sprachen Englisch, Deutsch, Niederländisch (Flämisch), Afrikaans (Kapholländisch) und Friesisch. Die beiden **Hauptvertreter der westgermanischen Sprachfamilie**, das Englische und das Deutsche, sind dabei jeweils nicht aus einer einzelnen Stammessprache hervorgegangen, sondern stellen so etwas wie Mischsprachen dar, die durch ein Zusammenwachsen verschiedener germanischer Stämme entstanden sind. So ist das heutige Englisch aus den Mundarten der Angeln und der Sachsen hervorgegangen und hat seither eine ganze Reihe wei-

terer Einflüsse erfahren. Auch das Deutsche ist als eine Verschmelzung von Sprachen einer größeren Zahl verschiedener
Stämme anzusehen. Zu diesen Stämmen zählen neben anderen
die Sachsen (als Angehörige der Nordseegermanen), die Alemannen und die Baiern (als Elbgermanen) sowie die Franken
(als Weser-Rhein-Germanen). Es wird somit deutlich, dass sich
das Deutsche nicht, wie in der sog. Stammbaumtheorie be-
hauptet, in einer geraden Linie aus dem Germanischen oder gar
aus dem Indoeuropäischen entwickelt hat.

In der deutschen Sprache der Gegenwart sind noch manche
Wörter germanischer Herkunft mehr oder weniger deutlich in
ihrer ursprünglichen Form erhalten geblieben. Dies gilt unter
anderem für die Bezeichnungen der Wochentage (zum Beispiel
Donnerstag aus *Thor*, dem Namen des germanischen Wetter-
und Donnergottes, oder *Freitag* aus *Freya*, dem Namen der germanischen Fruchtbarkeitsgöttin) oder für Eigennamen (wie
Adalbert aus *adal* mit der Bedeutung ‹edel› und *bert* ‹glänzend›;
oder *Dietrich* aus *diot* ‹Volk› und *riche* ‹reich, mächtig›).

Gerade das letzte Beispiel gibt nun Anlass, die Herkunft und
die **Entwicklung des Wortes** *deutsch* ein wenig näher zu betrachten. Der Ausdruck findet sich in rechtssprachlichen Texten seit
dem Ende des 8. Jahrhunderts als *theodisca* (*lingua*) und setzt
sich zusammen aus dem germanischen Wort *þeudō* ‹Volk› und
dem adjektivischen Suffix *-iska*, also ‹-isch›. Die entsprechende
althochdeutsche Form *diutisk* dringt in die Sprache des Volkes
jedoch nur langsam vor: Erst gegen Ende des 11. Jahrhunderts
wird dieses Wort auch als Bezeichnung für Land und Leute verwendet – vor allem in Abgrenzung zu den romanisch (*frencisg*)
sprechenden Franken im Westen (die ihrerseits das Wort *ale-
mant* für Land, Leute und Sprache des östlich gelegenen Reiches
einführen). Einen weniger aus- als vielmehr eingrenzenden, eigenständigen Sinn erhält das aus *diutisk* entstandene Wort
deutsch dann erst in der Zeit des Humanismus um die Wende
vom 15. zum 16. Jahrhundert, als im deutschen Sprachraum so
etwas wie ein gemeinsames kulturelles Bewusstsein entsteht.
Die im Nationalsozialismus unsäglich missbrauchte völkisch-
nordische Überhöhung des Begriffs, die in der Zeit nach dem

Zweiten Weltkrieg wiederum zu dessen starker Verengung geführt hat, ist dagegen erst eine Erscheinung des 19. und 20. Jahrhunderts.

Die deutsche Sprache, die sich also in der zweiten Hälfte des ersten Jahrtausends herausbildet, weist zahlreiche **Eigenheiten gegenüber den anderen germanischen Sprachen** auf. Hierzu gehören zahlreiche Besonderheiten im Bereich der Vokale und Konsonanten (wie vor allem die Zweite Lautverschiebung), die Entwicklung des Artikels aus Pronomen, die beginnende Herausbildung umschreibender Verbformen (etwa für das Passiv oder das Futur), die Einführung einer eigenständigen Schriftsprache sowie in der Dichtung der Wechsel vom Stabreim (bei dem Anfangslaute gereimt werden) zum Endreim. – All die genannten und einige weitere Erscheinungen sollen an dieser Stelle nicht im Einzelnen behandelt werden, sondern finden in den folgenden Kapiteln Berücksichtigung.

Die Zweite Lautverschiebung wird oft auch als *hochdeutsche Lautverschiebung* bezeichnet. Dies gibt Anlass, hier auch die **Verwendung des Wortes** *hochdeutsch* etwas näher zu betrachten. In der Sprache des Alltags bezeichnet *Hochdeutsch* die Standardsprache, wie sie in der Literatur oder in der Öffentlichkeit Verwendung findet. Diese Sprache ist das Ergebnis eines langen Normierungsprozesses und hat überregionale Gültigkeit (auch wenn ihre mundartlich reinste Form im Raum Hannover anzusiedeln ist). Demgegenüber hat *Hochdeutsch* in der Fachsprache der Sprachwissenschaft eine andere Bedeutung: Hier bezieht sich der Ausdruck auf die im Süden und in der Mitte Deutschlands gesprochenen Mundarten, deren lautliche Eigenheiten insbesondere auf die Zweite Lautverschiebung zurückgehen. In Abgrenzung hierzu wird denn auch die Bezeichnung *Niederdeutsch* (daneben: *Plattdeutsch*) für die Dialekte der nördlichen Landesteile verwendet, die von der Zweiten Lautverschiebung nicht erfasst wurden. – Angesichts der Bedeutung der hochdeutschen Sprachgeschichte für die hochdeutsche Standardsprache wird in dem vorliegenden Bändchen auf die Geschichte des Niederdeutschen nur am Rande eingegangen.

1.4 Aus- und Verbreitung

Die deutsche Sprache wurde von Beginn an in verschiedenen Regionen in Europa und in der Welt gesprochen und fand über diese regionale Ausbreitung hinaus zeitweilig auch eine gewisse Verbreitung als Sprache in der internationalen Kommunikation.

So leben im frühen Mittelalter im Süden des deutschen Sprachraums nördlich der Alpen die Stämme der Baiern und der Alemannen, die beide den Elbgermanen zugerechnet werden. Im Westen, vom Niederrhein bis etwa zur Loire, findet sich das Verbreitungsgebiet der Franken als Weser-Rhein-Germanen. Hessen und Thüringer, die ebenfalls diesem Stamm zuzurechnen sind, finden sich im mitteldeutschen Raum, während im Norden schließlich die Sachsen westlich der Elbe und die Friesen an der Nordseeküste anzutreffen sind. An dieses Sprach- und Stammesgebiet grenzen im Südwesten romanische Stämme an, die den Franken aufgrund ihrer überlegenen Kultur und Bevölkerungszahl langsam, aber sicher die romanische Sprache näher bringen, sodass das deutsche Sprachgebiet nach und nach an Ausbreitung im Westen verliert. Im Osten dieses Gebiets sind dagegen slawische Stämme anzutreffen, die ihrerseits einem Einfluss der germanischen Sprache und Kultur unterworfen werden und somit eine weitere Ausbreitung des Deutschen nach Osten zulassen. – Vor diesem Hintergrund verläuft die **Grenze des deutschen Sprachgebiets um** 1000 im Nordwesten entlang der Nordseeküste und von dort in südöstlicher Richtung von Brüssel zwischen Maas und Rhein bis über Bern hinaus. Im Nordosten beginnt die Grenze im heutigen Holsteinischen und verläuft westlich von Leipzig in Richtung Süden bis nördlich der Donau und folgt dieser dann bis östlich von Wien. Der Südrand des deutschen Sprachraums erstreckt sich dann südlich von Graz und Bozen im Verlauf der Alpen.

Die Verschiebung des deutschen Kultur- und Sprachraumes nach Osten setzt sich über die folgenden Jahrhunderte fort: Im Zuge der sog. **Ostsiedlung im** 12. **und** 14. **Jahrhundert**, einer Siedlungs- und Eroberungsbewegung, die zunächst vom Norden, dann auch von der Mitte des deutschen Reichs ausgeht, werden weite Gebiete östlich der Elbe und der Saale bis zur Oder und entlang der Ostseeküste sogar bis zur Memel dem deutschen Sprachgebiet einverleibt: Bis zum Ende des 14. Jahrhunderts entstehen hierbei durch Mischung der verschiedenen Mundarten einzelner Siedlerströme neue Dialekte, die rasch eine sprachliche Eigenständigkeit erreichen, nämlich das Ostnieder- und das Ostmitteldeutsche mit all ihren weiteren regionalen Varianten. Die slawischen Sprachen der ortansässigen Bevölkerung wurden im Zuge dieser Bewegung weitgehend verdrängt und konnten sich nur in Resten (wie etwa noch heute mit dem Sorbischen in der Lausitz) oder in einer Reihe von Ortsnamen (wie etwa *Leipzig* aus *Lipsk* oder *Bautzen* aus *Budyšin*) halten. Im Rahmen der verschiedenen Siedlungsbewegungen entstanden zudem einige Sprachinseln östlich und südlich des geschlossenen deutschen Sprachgebietes, so zum Beispiel in Rumänien (Siebenbürgisch-Sächsisch) oder in Oberitalien (Tirolisch).

Die Erweiterung des deutschen Sprachgebiets mitsamt seinen zahlreichen Sprachinseln, zu denen sich durch spätere Siedlungs- bzw. Auswanderungsbewegungen im 18. und 19. Jahrhundert noch einige weitere in Osteuropa und in Übersee hinzugesellen, erfährt nach dem Ende des Zweiten Weltkriegs eine deutliche Einschränkung. Das geschlossene deutsche **Sprachgebiet nach 1945** erstreckt sich in Folge von Vertreibung, Auswanderung und Umsiedlung der deutschsprachigen Bevölkerung im Osten nunmehr bis zur Oder: In den östlich hiervon gelegenen Gebieten verlieren ostdeutsche Mundarten wie etwa das Niederpreußische oder auch das Schlesische zunehmend an Bedeutung; und zahlreiche Sprachinseln in Europa wie auch auf anderen Kontinenten verschwinden wieder ganz von der Landkarte. Diese Entwicklung spiegelt auch die Veränderung der Bedeutung der deutschen Sprache in der Welt wider: Hatte sich das Deutsche im 19. und in der ersten Hälfte des 20. Jahrhunderts vor allem als Literatur- und Fachsprache neben anderen Nationalsprachen (wie beispielsweise dem Englischen oder Französischen) durchsetzen können, so ist nun dessen Gebrauch in Wissenschaft, Technik und Institutionen seit mehr als einem halben Jahrhundert rückläufig.

Das deutsche **Sprachgebiet der Gegenwart** erstreckt sich nach der sog. Wiedervereinigung der beiden deutschen Staaten auf die Bundesrepublik Deutschland, Österreich, die deutschsprachige Schweiz, Liechtenstein sowie Luxemburg (zweisprachig). In den angrenzenden europäischen Ländern finden sich Gebiete, in denen neben der entsprechenden Landessprache auch Deutsch (meist in Form einer Mundart) gesprochen wird: Hierzu zählen Polen, Tschechien, Rumänien (Siebenbürgen), Teile der ehemaligen Sowjetunion, Italien (Südtirol), Frankreich (Elsass), Belgien (Eupen/Malmédy) und Dänemark (Südjütland). Außerhalb Europas wird Deutsch insbesondere in den großen Auswanderungsländern, also in den Vereinigten Staaten und in Kanada, sowie in den ehemaligen Kolonien des Deutschen Reiches, vor allem im heutigen Namibia, verwendet.

So ist abschließend zu fragen, wie viele Menschen dieser Erde eigentlich Deutsch als ihre Muttersprache sprechen. Geht man davon aus, dass von den gut 80 Millionen Bundesbürgern gut 70 Millionen Deutsch als Mutter- und etwa 10 Millionen als Zweitsprache sprechen, und rechnet man die über 20 Millionen deutschen Muttersprachler in Europa und auf der Welt hinzu, kann man derzeit von rund **90 Millionen deutschen Muttersprachlern** ausgehen. Die Zahl derjenigen, die Deutsch als Fremdsprache innerhalb und außerhalb Deutschlands erlernen, ist nur schwer zu bestimmen und liegt schätzungsweise bei etwa 20 Millionen (oder höher); sie dürfte jedoch vor dem Hintergrund des internationalen Bedeutungsverlustes der deutschen Sprache insgesamt eher rückläufig sein.

An diesem Rückgang werden auch die vielfältigen und umfangreichen Bemühungen um eine **Förderung der deutschen Sprache im Ausland** vermutlich nur wenig ändern: Man denke hier nur zum Beispiel an das Goethe-Institut mit seinen zahlreichen Zweigstellen in über 70 Ländern und einem großen Angebot an Sprachkursen, Lehrerfortbildungen und Kursmaterialien, an den Deutschen Akademischen Austauschdienst (DAAD) sowie an die Zentralstelle für das Auslandsschulwesen

im Bundesverwaltungsamt und den Pädagogischen Austauschdienst der Kultusministerkonferenz (KMK) mit einer Vielzahl
an Kooperations- und Austauschprogrammen auf Schul- und
Hochschulebene. Mit und ohne solche Bemühungen hat die
deutsche Sprache in Europa und auf der Welt aber sicher noch
eine gewisse Zukunft – es fragt sich nur, welche.

Fazit   *Woher kommt die deutsche Sprache?* – Das Deutsche
geht zurück auf das Germanische, das sich vor etwa viertausend
Jahren aus der indoeuropäischen Sprachfamilie entwickelt hat.
Es stellt selbst eine Mischsprache aus verschiedenen Stammessprachen Mitteleuropas dar und wird seit dem 8. Jahrhundert
als eine eigene Sprache von den benachbarten romanischen und
slawischen Sprachen unterschieden. Das deutsche Sprachgebiet
erweitert sich im Spätmittelalter und in der frühen Neuzeit nach
Osten, erfährt dort jedoch nach dem Zweiten Weltkrieg wieder
erhebliche Einbußen. Mit über 100 Millionen Muttersprachlern
und einem nicht zu unterschätzenden Interesse an der deutschen
Sprache und Kultur im europäischen und außereuropäischen
Ausland gehört das Deutsche heute sicher zu den bedeutenden
Sprachen dieser Erde, selbst wenn dessen Zukunft angesichts
der wachsenden Globalisierung ungewiss erscheint.

2. Schreibe, wie du sprichst!?

2.1 Mitlaute

Die **Zweite Lautverschiebung** hat, wie im ersten Kapitel bereits
angedeutet, für die deutsche Sprache eine sehr hohe Bedeutung,
da hiermit oft der Beginn der deutschen Sprachgeschichte angesetzt wird. Sie umfasst eine ganze Reihe an Mitlauten (Konsonanten) und erstreckt sich über einen Zeitraum von etwa vier-
hundert Jahren, der im 6. Jahrhundert (möglicherweise bereits
im 5. Jahrhundert) beginnt und im 8. oder 9. Jahrhundert endet.
Dabei kann die Zweite Lautverschiebung in verschiedene zeit-

liche Abschnitte mit einer jeweils unterschiedlichen räumlichen Ausbreitung gegliedert werden (vgl. hierzu auch die Abbildung auf S. 23).

Der erste Abschnitt besteht in einer Verschiebung der stimmlosen Verschlusslaute (Tenues) *p*, *t* und *k* zu den entsprechenden Reibelauten (Frikativen) *f*, *s* und *ch* (die hierbei bisweilen entstehenden Doppellaute *ff*, *ss* und *hh* werden im weiteren Verlauf wiederum zu *f*, *s* und *ch* vereinfacht). Dieser erste Teil der sog. **Tenuesverschiebung** beginnt spätestens im 6. Jahrhundert und setzt sich südlich einer Linie, die sich vom Kölner Raum im Westen bis etwa an die Neiße-Mündung im Osten erstreckt, im gesamten mittleren und südlichen Sprachraum durch; er umfasst heute weitgehend die mittel- und oberdeutschen Mundarten. Als Beispiel mögen hier die germanischen Wörter *slēpan*, *etan* und *ik* gelten, die im Althochdeutschen *slāfan*, *ëzzan* und *ih* (neuhochdeutsch *schlafen*, *essen* und *ich*) lauten.

Im Gegensatz zu diesem ersten Teil der Tenuesverschiebung, der sich über den gesamten hochdeutschen Raum erstreckt, zeigt deren zweiter Teil eine deutliche zeitliche und räumliche Staffelung. Er beginnt im 5. oder 6. Jahrhundert mit einer Verschiebung des Verschlusslautes *t* zum entsprechenden Kombinationslaut (der entsprechenden Affrikate) *tz*, welche ebenfalls über das gesamte hochdeutsche Gebiet reicht (so etwa im Falle von germanisch **taiknam*, **holta* und **satjan*, die althochdeutsch *zeihhan*, *holz* und *setzen* bzw. neuhochdeutsch *Zeichen*, *Holz* und *setzen* lauten). Im 6. oder 7. Jahrhundert folgt darauf die Verschiebung des Verschlusslautes *p* zum entsprechenden Kombinationslaut *pf* (zum Beispiel im Falle von germanisch **plegan*, **helpan* und **appla*, im Althochdeutschen *pflegan*, *helfan* und *apful* und im Neuhochdeutschen *pflegen*, *helfen* und *Apfel*). Diese Verschiebung ist jedoch nur südlich einer Linie zu finden, die sich vom Gebiet um Karlsruhe nordöstlich bis in den Süden des Erzgebirges zieht, und erstreckt sich somit nicht über den gesamten hochdeutschen, sondern nur über den oberdeutschen Mundartraum. Die letzte Verschiebung, nämlich diejenige von *k* zu *kch*, erfolgt im 7. oder 8. Jahrhundert und zeigt sich nur im äußersten Süden des oberdeutschen Sprachgebiets (zum

Beispiel bei **korna*, **werka* und **wekkian* im Germanischen gegenüber *kchorn*, *werkch* und *weckchan* im Altbairischen und *Korn*, *Werk* und *wecken* im Neuhochdeutschen).

Die Verschiebung der stimmlosen Verschlusslaute zu den entsprechenden Reibe- und Kombinationslauten wird im 8. und 9. Jahrhundert durch einen weiteren Lautwandel, der ebenfalls der Zweiten Lautverschiebung zugerechnet wird, begleitet. Es handelt sich hierbei um die sog. **Medienverschiebung**, bei der die stimmhaften Verschlusslaute (Medien) *b*, *d* und *g* zu den entsprechenden stimmlosen Verschlusslauten *p*, *t* und *k* umgewandelt werden. Auch diese Entwicklung zeigt eine verhältnismäßig klare räumliche Staffelung: So findet sich die Verschiebung von *d* zu *t* im gesamten oberdeutschen Raum (wie etwa im Falle von germanisch **dag*, das hier in althochdeutscher Zeit zu *tag*, neuhochdeutsch *Tag*, wird). Der Wandel von *b* zu *p* (vgl. germanisch *blōd* und altbairisch *pluat*, neuhochdeutsch *Blut*) sowie derjenige von *g* zu *k* (vgl. germanisch **geban* und altbairisch *keban* bzw. *kepan*, neuhochdeutsch *geben*) bleiben dagegen auf die südlichen Regionen des Alemannischen und Bairischen beschränkt.

All diese Erscheinungen der Zweiten Lautverschiebung tragen zu der bis heute mehr oder weniger gültigen Grobgliederung der deutschen Mundarten bei. Dabei wird zunächst zwischen den hochdeutschen und den niederdeutschen Mundarten (mit bzw. ohne Lautverschiebung) unterschieden. Das Hochdeutsche wiederum gliedert sich dann in den ober- und in den mitteldeutschen Raum (mit vollständig bzw. unvollständig durchgeführter Lautverschiebung). Die einzelnen Erscheinungen der Zweiten Lautverschiebung treten somit im Süden des hochdeutschen Sprachgebietes am stärksten auf und nehmen von hier aus nach Norden immer weiter ab, bis sie im niederdeutschen Raum ganz fehlen. Daher liegt die Vermutung nahe, dass der Lautwandel im äußersten Süden (bzw. Südwesten) begonnen und sich dann in mehreren Schüben nach Norden hin ausgebreitet hat. Dass diese sog. Wellentheorie jedoch eine verhältnismäßig starke Vereinfachung darstellt, zeigt sich insbesondere im Westen des mitteldeutschen Raums, wo die Zweite Lautverschiebung eine ganz eigene Ausprägung aufweist, die als **Rheinischer Fächer** bekannt ist. Viele dieser Erscheinungen treten hier verhältnismäßig früh auf und bedingen dabei eine ganz eigene räumliche Staffelung, sodass man hier eher von einer eigenständigen Entwicklung auszugehen hat.

Niederdeutsch	
tid, water, slapen, maken, dorp, dat, appel, pund	
Mitteldeutsch (Hochdeutsch)	
Westmitteldeutsch	Ostmitteldeutsch
zeit, wasser, schlafen, machen, dorp / dorf, dat, appel, pund	*zeit, wasser, schlafen, machen, dorf, das, appel, fund*
zeit, wasser, schlafen, machen, dorf, das, appel, pund	
Oberdeutsch (Hochdeutsch)	
zeit, wasser, schlafen, machen, dorf, das, apfel, pfund	
(kind, knecht)	
(chind)	*(kchnecht)*

Im Anschluss an die Zweite Lautverschiebung finden sich im Verlauf der Geschichte weitere Veränderungen im deutschen Lautsystem – allen voran die sog. **Auslautverhärtung**: Dabei handelt es sich um eine Entwicklung, die seit etwa dem 12. Jahrhundert in schriftlichen Quellen überliefert ist und die Mitlaute am Wortende (dem Auslaut) betrifft: So können hier noch im Althochdeutschen neben stimmlosen (bzw. starken) Mitlauten (wie zum Beispiel bei *nōt*) auch stimmhafte (bzw. schwache) Mitlaute erscheinen (etwa bei *līb* ‹Leib›, *smid* ‹Schmied› oder *tag* ‹Tag›), während in mittelhochdeutscher Zeit stimmhafte Laute (bis auf wenige Ausnahmen im Oberdeutschen) durch stimmlose ersetzt werden: So schreibt man in dieser Zeit am Wortende auch ganz folgerichtig *līp*, *smit* und *tac*; im Wortinneren hingegen wird an der gewohnten Schreibweise konsequent festgehalten (etwa bei den Genitivformen *lībes*, *smides* und *tages*). – Betrachtet man diese Beispiele, fällt auf, dass im Wortinneren heute ebenfalls (verkürzt ausgedrückt:) stimmhaft geschrieben wird (also *Leibes, Schmiedes, Tages*), während sich am Wortende keine stimmlose, sondern auch eine stimmhafte Schreibweise findet (*Leib, Schmied, Tag*). Dies ist insbesondere dadurch zu erklären, dass die deutsche Orthographie im Verlauf ihrer Geschichte zunehmend von einer an einzelnen Lauten zu einer an Wortstämmen orientierten Schreibweise übergegangen ist.

Neben der Verhärtung von Mitlauten am Wortende zeigen einige deutsche Mundarten auch eine Aufweichung von Mitlauten im Wortinneren oder am Wortanfang. Diese Erscheinung zeigt sich etwa seit dem späten Mittelalter und ist vor allem auf den westober- und im ostmitteldeutschen Raum beschränkt, so dass sie meist als **Binnenhochdeutsche Konsonantenschwächung** bezeichnet wird. Sie ist jedoch regional stark begrenzt (vgl. etwa die gegenwärtige Aussprache von *Tier* und *dir* oder von *Garten* und *Karten* im Sächsischen), sodass sie hier nicht weiter gewürdigt werden soll. – Weitere Mitlautentwicklungen wie zum Beispiel die Westgermanische Konsonantengemination oder der Wandel von *þ* zu *d* in althochdeutscher Zeit können hier ebenfalls nicht im Einzelnen behandelt werden.

2.2 Selbstlaute

Nicht nur die Mitlaute (Konsonanten), sondern auch Selbstlaute (Vokale) des Deutschen sind im frühen Mittelalter von Veränderungen betroffen. Dabei handelt es sich insbesondere um den Wechsel von ein- und zweifachen sowie von langen und kurzen Vokalen sowie um Erscheinungen im Bereich von Umlauten.

So zeichnet sich das frühmittelalterliche Deutsch gegenüber dem Germanischen erstens durch eine Verschiebung der Doppelvokale (Diphthonge) *ai* und *ou* zu den langen Einzelvokalen (Monophthongen) *ē* und *ō* aus. Diese **Monophthongierung im Althochdeutschen** ist jedoch davon abhängig, welche Konsonanten auf die entsprechenden Doppelvokale folgen. So ist etwa das althochdeutsche *meist* gegenüber dem Germanischen unverändert geblieben, während das althochdeutsche *mēr* ‹mehr› das Ergebnis eines solchen Lautwandels darstellt (vgl. demgegenüber das gotische *maiza* ‹mehr›). In Entsprechung hierzu gehen die althochdeutschen Wörter *ōra* ‹Ohr› und *ouga* ‹Auge› ebenfalls auf germanische Wörter mit Doppelvokalen zurück (vgl. etwa gotisch *auso* und *ougo*), wobei im ersten Fall eine Monophthongierung stattgefunden hat, im zweiten dagegen nicht. – Die neuen Einzelvokale, die durch diese Entwicklung entstehen, treten neben die bereits bestehenden Langvokale *ē* und *ō* und bedingen daher eine weitere Lautentwicklung, bei der nun wiederum Doppelvokale entstehen: Beispiele für diese **Diphthongierung** sind etwa die Wörter *hier* ‹hier› und *bruoder* ‹Bruder›, deren Entsprechungen im Gotischen *hēr* bzw. *brōþar* lauten.

Eine weitere wichtige Lautentwicklung der mittelalterlichen Sprachgeschichte stellt der sog. *i*-Umlaut dar, bei dem Vokale, die innerhalb eines Wortes einem langen *ī*, einem kurzen *i* oder einem *j* vorangehen, aufgehellt werden. Diese sog. Hebung oder Palatalisierung zeigt sich etwa bereits an dem althochdeutschen Wort *gast* ‹Gast›, dessen Mehrzahl *gēsti* lautet. Sie ist zum Teil aber auch erst in späterer Zeit nachzuweisen, so beispielsweise mit dem mittelhochdeutschen Wort *mære* ‹Erzählung›, dessen althochdeutsche Entsprechung noch als *māri* erscheint. Die zeitliche Differenz zwischen diesen und zahlreichen weiteren Fällen gibt Anlass zu der Vermutung, dass es im Deutschen zwei Umlautbewegungen gab, den sog. Primär- und Sekundärumlaut. Jüngere Forschungen haben allerdings ergeben, dass wohl sämtliche Umlautungen bereits auf das frühe Mittelalter zurückgehen, jedoch teilweise erst im 11. oder 12. Jahrhundert schriftlich gekennzeichnet werden.

Neben den mittelalterlichen Mono- und Diphthongierungen zeigt die deutsche Sprachgeschichte auch solche in der frühen Neuzeit. So besteht die **neuhochdeutsche Diphthongierung** in einer Verschiebung der langen Vokale *ī*, *ū* und *iu* (gesprochen: *ü*) zu den entsprechenden Doppelvokalen *ai*, *au* und *oe* (gesprochen *eu*). Studierende der Germanistik erinnern sich an diese Entwicklung, die sich vom 12. bis in das 16. Jahrhundert über weite Teile des deutschen Sprachraums ausbreitet, gerne anhand des Beispiels *mîn níuwez hûs* (in mittelhochdeutscher Schreibweise) und dessen neuhochdeutscher Übersetzung: *mein neues Haus*. Auch diese Vokalverdoppelung tritt zusammen mit einer entsprechenden **Monophthongierung** auf, bei der die Doppelvokale *ie*, *uo* und *üe* zu den einfachen Langvokalen *ī*, *ū* und *y* (gesprochen *ü*) übergehen. Diese Entwicklung reicht ebenfalls von mittelhochdeutscher Zeit bis ins 16. Jahrhundert. Die Merkhilfe heißt hier *lieber müeder bruoder* und ist entsprechend mit *lieber müder Bruder* zu übersetzen. – Am Beispiel von germanisch *brōþar*, mittelhochdeutsch *bruoder* und neuhochdeutsch *Bruder* zeigt sich dann auch, wie die mittelalterliche und die neuzeitliche Di- bzw. Monophthongierung ineinanderspielen können.

Ein weiteres wichtiges Unterscheidungsmerkmal zwischen dem mittel- und dem neuhochdeutschen Selbstlautsystem stellt die Dehnung von kurzen zu langen Vokalen dar. Eine solche **Vokaldehnung** setzt bereits im 12. Jahrhundert ein und breitet sich über den gesamten deutschen Sprachraum aus. Wir finden sie vor allem in offenen Silben wie zum Beispiel in neuhochdeutsch *sāgen* mit langem *ā* gegenüber mittelhochdeutsch *sagen* mit kurzem *a*. Dehnungen in geschlossenen Silben erfolgen demgegenüber eher selten und bleiben meist mundartlich begrenzt – mit einigen Ausnahmen, wie etwa im Falle von neuhochdeutsch *Tāg* gegenüber mittelhochdeutsch *Tag*. Noch seltener und ebenfalls zumeist regional begrenzt erscheint der umgekehrte Fall einer Kürzung von langen Vokalen. Ein Beispiel, das bis in die neuhochdeutsche Standardsprache vorgedrungen ist, stellt die Verbform *dachte* dar, die letztlich auf die althochdeutsche Form *dāchta* zurückgeht.

Die hier genannten Erscheinungen stellen nur eine Auswahl an Entwicklungen im deutschen Vokalsystem dar. Weitere Veränderungen wie die sog. Brechung im Mittelalter oder die Rundung bzw. Entrundung in der Neuzeit müssen hier unberücksichtigt bleiben. Und doch gibt es noch eine weitere wichtige lautliche Veränderung im Deutschen, auf die im Rahmen jeder sprachgeschichtlichen Darstellung eingegangen werden muss. Diese Veränderung steht in einem engen Zusammenhang mit dem Akzentwandel des Deutschen gegenüber dem Germanischen und betrifft dabei insbesondere die Selbst-, daneben aber auch die Mitlaute und hat darüber hinaus erhebliche Auswirkungen auf die Entwicklung der Formbildung. Gemeint ist hier die **Abschwächung unbetonter Nebensilben**.

Zunächst sei an den Akzentwandel in der Vorgeschichte des Deutschen erinnert: Während die Betonung im Indoeuropäischen auf verschiedenen Silben liegen kann, wird sie bereits im Germanischen auf die Stammsilbe festgelegt. Folglich bleiben diejenigen Silben, die der Stammsilbe vorangehen oder ihr nachfolgen, unbetont. Diese Nebensilben zeigen im Althochdeutschen noch oft volle Vokale, die sich nun in der weiteren Entwicklung immer mehr neutralisieren und auf den Vokal *e* hinauslaufen. Dies wird am Beispiel des althochdeutschen Verbs *haban* deutlich, das zu dieser Zeit bereits auch als *habēn* (mit langem *e*) und im Mittelhochdeutschen dann als *haben* (mit kurzem *e*) erscheint. Diese Form mit abgeschwächter Nebensilbe entspricht auch derjenigen in der deutschen Standardsprache der Gegenwart. Im Bereich der Mundarten und der Umgangssprache ist die Nebensilbenschwächung zum Teil sogar noch weiter gegangen und hat in diesem Falle mit den Formen *habn* oder *habm* zu einem echten Schwund der Vokale und im Weiteren mit der Form *ham* sogar zu einer Verschmelzung bzw. Verringerung der Mitlaute geführt.

Dass diese Entwicklung dann auch weit reichende **Folgen für die Wort- und Formbildung** im Deutschen hat, ist anhand von zwei Beispielen schnell ersichtlich: Zum einen konnten noch im Althochdeutschen aus Adjektiven wie etwa *hreini* ‹rein› durch das Anhängen eines langen *ī* entsprechende Substantive gebildet werden, hier also *hreinī*. Durch die Nebensilbenschwächung wurde dieses Verfahren jedoch sehr eingeschränkt, und es kamen neue Wortbildungsmöglichkeiten, wie etwa durch Anhängen von *-heit*, *-keit* oder *-ung*, auf. Und so lautet das entsprechende Substantiv heutzutage nicht etwa *Reine, sondern eben *Reinheit*. Ein anderes Beispiel belegt die Auswirkungen der Nebensilbenschwächung auf die Formbildung: Das althochdeutsche Wort für Zunge zeigt in allen vier Fällen (Kasus) der Mehrzahl (Plural) noch volle Nebensilbenvokale, wobei die Formen des Nominativs und des Akkusativs gleich lauten (vgl. die folgende Aufstellung). Im Mittelhochdeutschen ist aus den vollen Nebensilbenvokalen bereits ein einheitliches *e* geworden, sodass die Formen nicht mehr voneinander zu unterscheiden sind.

	Althochdeutsch	Mittelhochdeutsch	
Nominativ	zungūn	*die*	zungen
Genitiv	zungōno	*der*	zungen
Dativ	zungōm	*den*	zungen
Akkusativ	zungūn	*die*	zungen

Um dennoch eine Kennzeichnung der einzelnen Fälle zu ermöglichen, geht man bereits in alt- und verstärkt dann in mittelhochdeutscher Zeit zu einem ergänzenden Gebrauch entsprechender Demonstrativpronomen über, die sich im weiteren Verlauf zu einer neuen Wortart im Deutschen, dem Artikel, weiterentwickeln. An diesem Beispiel zeigt sich schließlich auch, dass die Nebensilbenschwächung nicht nur die Wort- und Formbildung im Deutschen beeinflusst, sondern sogar **Auswirkungen im Bereich des Satzbaus** zeigt, indem diese über die Grenzen einzelner Wörter hinausgehen.

2.3 Standardaussprache – Aussprachestandard

Viele der hier behandelten lautlichen Entwicklungen beschränken sich auf bestimmte Regionen des deutschen Sprachgebiets und tragen so zu dessen mundartlicher Differenzierung bei. Betrachtet man jedoch die deutsche Gegenwartssprache, so stellt man unschwer fest, dass es hier neben all den Dialekten so etwas wie eine überregional gültige und dabei einheitliche Lautung oder Aussprache gibt. Und so stellt sich an dieser Stelle die Frage, wie es im Laufe der Sprachgeschichte zu einer solchen standardisierten Aussprache gekommen ist.

Erste Ansätze zu einer überregionalen Literatursprache und damit auch zu einer überregional gültigen Lautung finden sich bereits in der mittelhochdeutschen Dichtung um 1200, die nur selten gelesen, sondern in der Regel vorgetragen und gehört wurde. So zogen die Dichter des Mittelalters (wie zum Beispiel Hartmann von Aue oder Walther von der Vogelweide) von Hof zu Hof und hatten ein lebhaftes Interesse daran, von allen Zuhörern (und nicht nur von denen aus einer bestimmten Region) gut verstanden zu werden. Aus diesem Streben heraus entwickelt sich die **mittelhochdeutsche Dichtersprache**, bei der die oberdeutschen Mundarten insofern eine Vorbildfunktion einnehmen, als mundartliche Besonderheiten, die hiervon abweichen, vermieden werden. – Viele Textausgaben mittelhochdeutscher Literatur weisen indessen eine vereinheitlichte Lautung (bzw. Schreibung) auf, die weit über diesen überregionalen Ausgleich des Hochmittelalters hinausgeht (vgl. hierzu unten).

Die mittelhochdeutsche Dichtersprache verliert sich indessen aufgrund der veränderten gesellschaftlichen Verhältnisse im späten Mittelalter und hat für die lautlichen Gegebenheiten der Gegenwartssprache kaum eine Bedeutung. Dieses Schicksal teilt sie mit einer anderen, darauf folgenden lautlichen Vereinheitlichung, die jedoch nicht dem Bereich der Dichtung, sondern dem der Wirtschaft und Verwaltung zuzuschreiben ist. Dabei handelt es sich um die **Ostmitteldeutsche Verkehrssprache** im späten Mittelalter, die aufgrund ihrer räumlichen Lage so etwas wie eine Vermittlerrolle zwischen den südlichen und nördlichen Landesteilen spielt. Diese frühe mündliche Fachsprache ist jedoch kaum schriftlich überliefert, sodass deren Einfluss auf den Schriftverkehr an den Kanzleien der verschiedenen Höfe bis heute weitgehend unklar ist.

Im Ganzen ist hiernach festzuhalten, dass die Vereinheitlichung des Deutschen über einen langen Zeitraum eine Entwicklung innerhalb der Schrift- und eben nicht der Sprechsprache darstellt. Und so ist es auch nicht erstaunlich, dass die deutsche **Schriftsprache um 1800** verhältnismäßig einheitlich erscheint, jedoch noch einen recht großen Aussprachereichtum zeigt. Ein berühmtes Beispiel hierfür liefert uns Goethe, der dem Gretchen im «Faust» folgende Verse in den Mund legt: «Ach neige, / Du Schmerzensreiche» (was in hessischer Aussprache auf folgenden Reim hinausläuft: ... *neische* / ... *reische*). Es dauert tatsächlich

noch bis zum Ende des 19. Jahrhunderts, bis man sich dann im
deutschen Sprachraum auf eine einheitliche Aussprachenorm
einigen kann.

Diese Norm, die von Germanisten und Theaterleuten entwickelt wurde, wird 1898 von Theodor Siebs als «**Deutsche Bühnenaussprache**» in Gestalt eines Wörterbuchs schriftlich erfasst.
Die Regelungen, die hier erscheinen, beruhen auf zwei Grund-
sätzen: Zum einen wird die Schriftsprache, wie sie sich im hochdeutschen Sprachraum entwickelt hat, als Grundlage der zu
standardisierenden Sprechsprache anerkannt; zum anderen
wird die niederdeutsche Aussprache einzelner Buchstaben als
Vorbild für diese Standardisierung angesehen. Was dabei als
neuer Standard herauskommt, ist – überspitzt formuliert – eine
niederdeutsche Aussprache der hochdeutschen Schriftsprache.
Dieser Befund mag auf den ersten Blick überraschen, ist aber
angesichts der politischen Geschichte Deutschlands leicht nachzuvollziehen: Die Schriftsprache hatte sich bereits in einer Zeit
herausgebildet und gefestigt, in der der hochdeutsche Raum,
hier insbesondere auch Sachsen, politisch, sozial und ökono-
misch führend war; erst im Laufe des 19. Jahrhunderts hatte
sich dieser Machtbereich nach Preußen verlagert, sodass eine
niederdeutsche Ausspracheregelung für die vorhandene hochdeutsche Schriftsprache nahe lag.

Die Bühnenaussprache nach Siebs ist bis in die sechziger Jahre des 20. Jahrhunderts geltende Norm, wird jedoch weder im
öffentlichen Sprachgebrauch noch auf der Bühne oder in den
Medien vollständig anerkannt und umgesetzt. Dies liegt unter
anderem daran, dass ein Teil der hier getroffenen Regelungen
bereits dem Stand der lautgeschichtlichen Entwicklung im modernen Deutschen entgegensteht. Zwei Beispiele hierfür: Die
Norm nach Siebs fordert zum einen, dass das *r* stets als Mitlaut
ausgesprochen wird, während es aber nach einem vorangehenden Selbstlaut tatsächlich oft zu einem an *a* angelehnten
Selbstlaut umgewandelt wird (vgl. etwa das schriftliche *Tier* mit
dem mündlichen *Tia*). Zum anderen legt die Siebs'sche Norm
fest, dass das *e* in Endsilben stets deutlich ausgesprochen werden soll, was aber, wie bereits gezeigt, der Tendenz zur Neben-

silbenschwächung im Deutschen nicht entspricht. – Diese und weitere Probleme haben schließlich neue Regelungen erforderlich gemacht. Solche werden in den 1960er Jahren entwickelt und haben seither als **gemäßigte Hochlautung** weit reichende Anerkennung gefunden.

2.4 Schreibung und Rechtschreibung

Die ersten Versuche, das Deutsche durch eine Buchstabenschrift wiederzugeben, gehen bereits auf den Beginn seiner Geschichte zurück. Sie zeigen dabei allerdings nur wenig Einheitlichkeit. So erscheint etwa das Wort *Christus* ‹Gesalbter› in Handschriften des frühen Mittelalters unter anderem in den folgenden Schreibungen: *kris, krist, kirst, crist, christ, cherist* und *chhrist*. Diese **Uneinheitlichkeit der Schreibung im Althochdeutschen**, die sich oft auch innerhalb ein und desselben Textes findet, ist durch mindestens zwei Faktoren bestimmt: Zum einen wird mit den lateinischen Buchstaben ein Schriftsystem übernommen, das dem deutschen Lautsystem nach der Zweiten Lautverschiebung nicht ganz entspricht, und zum anderen ist das Deutsche selbst durch zahlreiche mundartliche Verschiedenheiten geprägt, die eine einheitliche Schreibung nahezu unmöglich machen. Geschrieben wird zu dieser Zeit auf Pergament in der sog. Karolingischen Minuskel, einer vereinfachten und vereinheitlichten Schriftart, die schon früh am fränkischen Hof entwickelt wurde, um die Lesbarkeit von Urkunden zu erhöhen.

Im Hoch- und Spätmittelalter ist die Schreibung ebenfalls noch sehr uneinheitlich (wiederum bis in einzelne Quellen hinein) und spiegelt dabei oft die Art und Weise wider, wie die einzelnen Wörter damals ausgesprochen werden. Auch im Mittelhochdeutschen wird noch auf Pergament geschrieben; man verwendet dabei die sog. Gotische Buchschrift. In den jüngeren Ausgaben mittelhochdeutscher Literatur, die seit dem 19. Jahrhundert aufgelegt werden, erscheint die Schreibweise der Texte jedoch gegenüber den ursprünglichen Quellen erheblich vereinheitlicht, insbesondere im Hinblick auf die Schreibung der Umlaute (*æ, œ,* und *iu*) und der langen Vokale (*â, ê, î, ô* und *û*) sowie den Gebrauch von *s* und *z* sowie *f* und *v*. Diese **normalisierte Schreibung des Mittelhochdeutschen** stellt das Ergebnis germanistischer Bemühungen um eine nach sprachwissenschaftlichen Erkenntnissen homogenisierte Edition von Texten dar und hat durchaus ihre philologische Berechtigung, da sie dem überregionalen Ausgleich mundartlicher Besonderheiten in Lautung, Wortschatz und Grammatik innerhalb der mittelhochdeutschen Dichtung Rechnung trägt. Sie ist und bleibt jedoch eine Entwicklung der Neuzeit und gibt nicht die tatsächlichen Laut- und Schriftverhältnisse des Mittelalters wieder.

Auch in der frühen Neuzeit ist keine Vereinheitlichung der Schreibung festzustellen – im Gegenteil: Die große **Variabilität der Schreibung im Frühneuhochdeutschen** mag sogar noch diejenige der mittelalterlichen Zeit übertreffen. Dies gilt insbesondere für die Kennzeichnung der Vokallänge durch sog. Vokalverdoppelung oder Dehnungszeichen, den Gebrauch der Buchstaben *i*, *j* und *y* sowie *u* und *v*, der oftmals nicht nach den entsprechenden Lauten, sondern nach der Stellung im Wort erfolgt. Charakteristisch für die mittel- wie dann auch die frühneuhochdeutsche Schreibung sind zum einen Kürzungszeichen wie der Nasalstrich (etwa in *sagē* für *sagen*) oder der Haken (etwa in *wass'* für *Wasser*) und zum anderen Häufungen von Konsonanten (beispielsweise bei *thier*, *wortt* oder *witcz*), die sich vor allem im Barock großer Beliebtheit erfreuen und zu recht abenteuerlichen Schreibungen führen können (zum Beispiel *wherdenn*). Silbentrennung und Interpunktion, meist bestehend aus Punkten und Querstrichen (Virgeln), sind in der frühen Neuzeit noch gar nicht geregelt und folgen jeweils den individuellen Bedürfnissen nach sprachlicher Strukturierung bei den Schreibenden. Die zunehmende Vielfalt an Schreibungen im Frühneuhochdeutschen mag zunächst erstaunen, lassen doch vielleicht die Entdeckung und Einführung des Buchdrucks um die Wende vom 15. zum 16. Jahrhundert eher eine Vereinheitlichung der verschiedenartigen Schreibweisen vermuten. Jedoch ist die Zeit des Spätmittelalters und der frühen Neuzeit unter anderem durch zahlreiche natürliche Katastrophen, eine wachsende soziale Verunsicherung, ein zunehmendes Ungleichgewicht der politischen Mächte sowie das weitgehende Fehlen einer literarischen Kultur gekennzeichnet, die eine überregionale Vereinheitlichung der Schreibung eher behindern.

Und dennoch lassen sich in den Quellentexten der frühen Neuzeit neben der Einführung weiterer Interpunktionszeichen (wie Komma, Frage- und Ausrufezeichen seit dem 17. Jahrhundert) mindestens zwei Tendenzen zu einer Vereinheitlichung der Schreibung feststellen: Die eine besteht in der systematischen Kennzeichnung von Umlauten, die andere in der weit reichenden Einführung der Großschreibung von Substantiven. Von einer echten Normierung der Rechtschreibung kann aber erst seit dem 18. Jahrhundert die Rede sein, in dem die **Schreibung zur Zeit der Aufklärung** von Gelehrten wie Adelung und Gottsched nach bestimmten Prinzipien festgelegt wird und dabei breite Anerkennung findet; zu diesen Prinzipien gehören: die möglichst eindeutige Zuordnung von Lauten und Buchstaben (Lautprinzip), die insbesondere zur Abschaffung der barocken Konsonantenhäufungen führt; die Erkennbarkeit des Wortstammes bei veränderter Lautung, wonach beispielsweise *Wächter* nach *wachen* mit *a* und nicht mit *e* geschrieben wird (etymologisches Prinzip); oder die Unterscheidung von Homonymen, also von gleich klingenden Wörtern mit vollkommen unterschiedlichen Bedeutungen (wie etwa im Falle von *wieder* und *wider* oder von *Mohr* und *Moor*).

Trotz der Normierung, die die Schreibung des Deutschen im 18. Jahrhundert erfährt, setzt sich die **Diskussion um eine richtige Schreibweise** im 19. Jahrhundert fort, da gerade das etymologische und das Lautprinzip zu verschiedenen Schreibweisen führen und somit unterschiedliche Auffassungen über die Schreibrichtigkeit provozieren. Einer der prominentesten Gelehrten, die sich an dieser Diskussion beteiligen, ist sicher Jacob Grimm, der sich sehr konsequent für das etymologische Prinzip einsetzt, wonach zum Beispiel der aus dem Germanischen *t*-Laut entstandene *s*-Laut eigens durch den Buchstaben *ß* gekennzeichnet werden soll (was dann auf Schreibungen wie *Haß* und *Waßer* hinausläuft). Die beiden Beispiele lassen bereits deutlich werden, dass sich Grimm mit seinen Vorstellungen nicht ganz

durchsetzen kann (so wird nach der sog. alten Rechtschreibung
bis zum Ende des 20. Jahrhunderts *Haß*, aber *Wasser* geschrieben). In einem weiteren bedeutsamen Punkt scheitern Grimms
Normbestrebungen ebenfalls: Er versucht die Großschreibung
der Substantive, die sich in der frühen Neuzeit herausgebildet
hat und von Gottsched zur Norm erhoben wurde, wieder abzu-
schaffen und durch konsequente Kleinschreibung zu ersetzen.
Doch auch hier muss er sich letztlich beugen: Mit der Großschreibung der Substantive bleibt durch die Orientierung an einer bestimmten Wortart ein weiteres Rechtschreibprinzip (nämlich das grammatische Prinzip) für die deutsche Rechtschreibung wirksam. Im Hinblick auf die Schriftart sind Grimms
Vorstellungen indessen zum Tragen gekommen (wenn auch
nicht zu seinen Lebzeiten): Anfang der 1940er Jahre wird die
Frakturschrift von der noch heute üblichen Antiqua ersetzt.

Trotz oder gerade wegen der Diskussion um die richtige
Schreibweise im Deutschen und nicht zuletzt auch wegen der
Einführung der allgemeinen Schulpflicht wird gegen Ende des
19. Jahrhunderts der Ruf nach einer verbindlichen Regelung
immer lauter. Es werden einige Konferenzen abgehalten, an denen sowohl Sprachwissenschaftler als auch Schulgelehrte teil-
nehmen. Konrad Duden fasst daraufhin in dem **Orthogra-
phischen Wörterbuch** (1880) seine Vorstellungen zusammen
(vereinfacht im sog. Buchdruckerduden, 1903) und beeinflusst
damit die entscheidende Konferenz von 1901 nachhaltig. Der
«Duden» gilt von nun an über viele Jahrzehnte als letzte Instanz
in Sprachenfragen und wird von 1956 bis 1996 in der Bundesrepublik als maßgeblich für die amtliche deutsche Rechtschreibung angesehen. Diese Bedeutung kann aber nicht darüber hinwegtäuschen, dass zahlreiche Bereiche der deutschen Rechtschreibung nach wie vor strittig bleiben. Und so kommt es
immer wieder zum Wunsch nach Nachbesserungen oder gar
Neuregelungen, die die Institution des Duden-Wörterbuchs sowie des Verlags, der ihn bis 1996 in über zwanzig Auflagen her-
ausbringt, in Frage stellen. Nach langen Diskussionen unter Be-
teiligung von zahlreichen Sprachwissenschaftlern wird schließlich eine Rechtschreibreform (1996/2006) durchgesetzt. Seinen

offiziellen Status als sprachliche Entscheidungsinstanz hat das Duden-Wörterbuch seither verloren: Die amtliche Rechtschreibung ist nunmehr nur für einen begrenzten Bereich der Schriftsprache gültig; im Übrigen ist jedem freigestellt, nach welchen Regeln er schreiben möchte. Seinen Status als inoffizielle Entscheidungsinstanz innerhalb der deutschsprachigen Bevölkerung wird der «Duden» jedoch sicher noch (neben anderen Werken seiner Art) eine ganze Weile behalten.

In der **Reform von 1996** sind folgende Bereiche Gegenstand der neuen Regelungen: Erstens die Zusammen- und Getrenntschreibung mit einer deutlich erkennbaren Bevorzugung der Getrenntschreibung; zweitens die Groß- und Kleinschreibung mit einer eindeutigen Stärkung der Großschreibung von Substantiven (eine Regel, die das Deutsche mit keiner anderen Sprache der Welt teilt); drittens die Fremdwortschreibung mit einer Tendenz, Wörter aus anderen Sprachen entgegen ihrer ursprünglichen Schreibung an die deutsche Schreibung anzupassen; und viertens schließlich die s-Schreibung, bei der das ß nach Kurzvokalen wegfällt. Nachdem sich die Öffentlichkeit zuvor kaum für die Reformdiskussion interessiert hat, löst die Veröffentlichung der neuen Regelungen schlagartig einen Sturm der Entrüstung hervor: Es werden zahlreiche Appelle gegen die Umsetzung der Reform veröffentlicht; Buch- und Zeitschriftenverlage boykottieren die Reform und führen bisweilen eigene Regelungen ein. Schließlich wird eine Reform der Reform erforderlich: In dieser **Reform von 2006** bleiben nun die Regelungen der 96er Reform im Prinzip bestehen; doch werden zahlreiche Schreibvarianten zugelassen, die dieser ihre Spitzen nehmen sollen (so zum Beispiel *kennenlernen* neben *kennen lernen*, *bei weitem* neben *bei Weitem*, *zuhause* neben *zu Hause*, *Phantasie* neben *Fantasie*, *Coupé* neben *Kupee* und viele andere mehr). Einige Neuregelungen sind aber in der zweiten Reform verbindlich geblieben – so etwa die Verpflichtung, drei gleich lautende und dabei aufeinander folgende Konsonanten nicht wie bisher auf zwei zu reduzieren (vgl. *Flussschifffahrt* statt *Flußschiffahrt*). Die neue deutsche Rechtschreibung ist hiernach durch zwei wesentliche Tendenzen gekennzeichnet: Zum einen haben sich die

Regeln verändert, ohne spürbar zu einer Vereinfachung der Rechtschreibung beizutragen; zum anderen hat sich die Zahl an alternativen Schreibungen deutlich erhöht. Beides erinnert an frühere Zeiten, in denen die Rechtschreibung im Deutschen weit weniger geordnet erscheint als im 20. Jahrhundert, und erweist sich aus sprachdidaktischer Sicht als wenig hilfreich: Es sind vor allem unsere Schülerinnen und Schüler, die die Rechtschreibreform ausbaden müssen, da sie sich ohne erkennbare Erleichterungen in der Schule daran zu halten haben. Eine weitere Reform wird sicher folgen.

Fazit   *Schreibe, wie du sprichst!?* – Mit der Zweiten Lautverschiebung, der Auslautverhärtung, diversen Mono- und Diphthongierungen, der Abschwächung unbetonter Nebensilben sowie zahlreichen weiteren Entwicklungen im Bereich der Mit- und Selbstlaute hat das Deutsche vom frühen Mittelalter bis in die Gegenwart viele Veränderungen erfahren. Eine überregional gültige Aussprachenorm wird jedoch erst am Ende des 19. Jahrhunderts eingeführt und in der Nachkriegszeit wieder gelockert. Die Schreibung des Deutschen, die sich von Beginn an der lateinischen Buchstabenschrift bedient, ist bis in das 18. Jahrhundert von zahlreichen Varianten geprägt, die nicht allein auf die regional unterschiedlichen Ausspracheverhältnisse, sondern auch auf einander widersprechende Rechtschreibprinzipien zurückzuführen sind. Die Regelungen um die Wende vom 19. zum 20. Jahrhundert sowie die Reformversuche um die Jahrtausendwende spiegeln diese Probleme wider, ohne sie letztlich befriedigend zu lösen.

3. Grammatik – richtungsweisend?

3.1 Verben (Konjugation)

Die Formbildung der Verben (Konjugation) umfasst heute die folgenden grammatischen Klassen (Kategorien): Person und Numerus (Zahl), Tempus (Zeit), Modus (Sichtweise) und Genus Verbi (Sichtrichtung). Dies ist zu Beginn der deutschen Sprachgeschichte ebenfalls so. Doch haben sich seither zahlreiche Veränderungen ergeben, die zum einen die Bildungsweise und zum anderen den Umfang der einzelnen Kategorien selbst betreffen. Mit dieser Entwicklung sind zudem einige wichtige Veränderungen in der Verbindlichkeit solcher Bildungsweisen verbunden.

Das Deutsche unterscheidet damals wie heute drei Personen (Sprecher, Angesprochener und Besprochenes) in jeweils zwei Numeri (Singular und Plural; der indoeuropäische Dualis ist nur noch in Relikten erhalten). An dieser Zahl ändert sich im Laufe der Geschichte nichts, wohl aber an deren Kennzeichnung: Denn während die Unterscheidung zwischen Ein- und Mehrzahl stets deutlich durch Flexionsformen markiert wird, fällt die Kennzeichnung der **Person** oft der Schwächung unbetonter Nebensilben zum Opfer. Dies lässt das folgende Beispiel deutlich werden:

	Althochdeutsch	Mittelhochdeutsch	Neuhochdeutsch	
1. Person	mahhōn	machen	*wir*	machen
2. Person	mahhōt	machet	*ihr*	macht
3. Person	mahhōnt	machent	*sie*	machen

Im Althochdeutschen werden im Plural alle drei Personen durch Formbildung am Wortende klar von einander unterschieden, wobei mit dem langen ō volle Selbstlaute erscheinen. Im Mittelhochdeutschen sind diese vollen Vokale bereits zu einem kurzen *e* vereinfacht; die drei Formen sind jedoch noch verschieden. Im Neuhochdeutschen greift die lautliche Entwicklung auch auf die Mitlaute über und führt dazu, dass die Kennzeichnungen der ersten und der dritten Person nunmehr gleich lauten. Um dennoch alle drei Personen hinreichend voneinander unterscheiden zu können, wird der Gebrauch von diesen zusammengefallenen Formen seit dem frühen Neuhochdeutschen zunehmend durch den von Pronomen ergänzt.

In der deutschen Gegenwartssprache werden heute sechs Tempora unterschieden: Präsens (Gegenwart), Präteritum (einfache Vergangenheit), Perfekt (abgeschlossene Vergangenheit), Plusquamperfekt (abgeschlossene oder: Vorvergangenheit), Futur I (einfache Zukunft) sowie Futur II (abgeschlossene Zukunft). Im Gegensatz zur Person zeigt das **Tempus** im Verlauf der Sprachgeschichte nicht allein Veränderungen in Bezug auf seine Kennzeichnung, sondern auch hinsichtlich der einzelnen Zeiten, die hier überhaupt unterschieden werden. – Um mit Präsens und Präteritum als den zwei Tempora zu beginnen, die im Deutschen durch Formen gekennzeichnet werden: Beide finden sich bereits in althochdeutscher Zeit, wobei das Präsens nicht nur die Kennzeichnung der Gegenwart, sondern darüber hinaus auch die Kennzeichnung von Vergangenheit, Zukunft oder Zeitlosigkeit übernimmt (was es auch heute noch tut). Das Perfekt und das Futur I sind dagegen im mittelalterlichen Deutschen nicht vorhanden und werden erst später durch Periphrasen (Umschreibungen) mit Hilfsverben (wie *haben* oder *werden*) und nicht durch Flexionsformen zum Ausdruck gebracht. Seit dem 16. Jahrhundert erscheinen diese Periphrasen dann sehr häufig und erfahren dabei auch eine gewisse Vereinheitlichung. Zu dieser Zeit treten auch das Plusquamperfekt und das Futur II erstmals und wiederum ausschließlich durch Periphrasen in Erscheinung. Die Tatsache, dass Perfekt, Plusquamperfekt sowie Futur I und II im Deutschen nie durch Flexionsformen, sondern stets durch Periphrasen ausgedrückt werden, ist dadurch bedingt, dass sie im Laufe der Sprachgeschichte erneut in die Grammatik eingeführt werden, nachdem sie hieraus einmal (bereits in vordeutscher Zeit) verschwunden sind. Über die Gründe dieser Entwicklung ist sich die Sprachwissenschaft jedoch uneins, wobei zwei Erklärungsansätze angeboten werden: Der erste führt den Ausbau der deutschen Tempora auf ein lateinisches Vorbild zurück, da das Latein, das in allen sechs Tempora Flexionsformen kennt, in der frühen Neuzeit Vorbild für die Aufzeichnung und Ausbildung der deutschen Grammatik ist (vgl. die folgende Aufstellung); die andere nimmt dagegen eine selbständige Entwicklung der deutschen Sprache an, die den Ausdrucksbedürfnissen der Sprecher in dieser Zeit Rechnung trägt.

	Latein	Deutsch	Latein	Deutsch
Präsens	voca**mus**	*wir* **rufen**	audi**mus**	*wir* **hören**
Präteritum	voca**bamus**	*wir* **riefen**	audie**bamus**	*wir* **hörten**
Perfekt	voca**vimus**	*wir* **haben gerufen**	audi**vimus**	*wir* **haben gehört**
Plusquam-perfekt	voca**veramus**	*wir* **hatten gerufen**	audi**veramus**	*wir* **hatten gehört**
Futur I	voca**bimus**	*wir* **werden rufen**	audi**emus**	*wir* **werden hören**
Futur II	voca**verimus**	*wir* **werden gerufen haben**	audi**verimus**	*wir* **werden gehört haben**

Diese Aufstellung macht bereits deutlich, dass im Deutschen zwei verschiedene Arten der Formbildung zu unterscheiden sind: Zum einen die Wurzelflexion, bei der das Präteritum durch eine Veränderung des Vokals im Wortinneren gekennzeichnet wird (vgl. *wir rufen* und *wir riefen*), und zum anderen die Endungsflexion, bei der dies nicht durch einen solchen Vokalwechsel, sondern durch eine eigene Wortendung mit *t* erfolgt (vgl. *wir hören* und *wir hörten*). Diese beiden Verfahren werden auch als **starke und schwache Konjugation** charakterisiert. Geschichtlich gesehen stellen stark konjugierte Verben eine wesentlich ältere Gruppe dar, die auf das Indoeuropäische zurückgeht. Schwach konjugierte Verben sind demgegenüber eine jüngere Erscheinung, die dem Germanischen zugeschrieben wird. Und so zeigt auch noch die Geschichte der deutschen Sprache einen fortlaufenden Abbau an starken und einen Ausbau an schwachen Verben, durch den auch ursprünglich stark konju-

gierte Verben zunehmend schwach konjugiert werden (vgl. etwa
die althochdeutschen Formen *bellen, bal, gibollen* mit den neuhochdeutschen *bellen, bellte, gebellt*). Bisweilen ist diese Entwicklung von starker zu schwacher Konjugation in Doppel-
formen von Verben der Gegenwartssprache zu beobachten (vgl.
die älteren starken Formen *backen, buk, gebacken* mit den jüngeren schwachen Formen *backen, backte, gebackt*).

Im Bereich der Modi unterscheidet das Deutsche Indikativ,
Konjunktiv und Imperativ. Dabei ist vor allem die Bildungsweise des **Modus Konjunktiv** von sprachgeschichtlichen Veränderungen betroffen. So werden hier im mittelalterlichen Deutschen
Präsens und Präteritum durch eigene Flexionsformen unterschieden, die teils bis heute noch präsent sind; beispielsweise
nëmen und *næmen* (neuhochdeutsch *wir nehmen* bzw. *wir näh-
men*). Ein Vergleich mit den entsprechenden Formen des Indika-
tivs (mittelhochdeutsch *nëmen* und *nâmen* bzw. neuhochdeutsch
wir nehmen und *wir nahmen*) lässt hier schnell deutlich werden,
dass bereits seit dem Mittelhochdeutschen eine Unterscheidung
der Formen von Indikativ und Konjunktiv Präsens nicht mehr
möglich ist. Dies hat Folgen: Zum einen werden diese Formen
heute nicht mehr temporal verstanden, sodass diejenigen des
Konjunktivs Präteritum oft anstelle des Konjunktivs Präsens
verwendet werden. Und zum anderen werden sie noch häufiger
durch periphrastische Umschreibungen ersetzt: Während dabei
in der frühen Neuzeit noch verschiedenartige Möglichkeiten er-
probt wurden (so etwa *es möchte* oder *es mag* oder *es will
Abend werden*), läuft diese Entwicklung gegenwärtig auf einen
mehr oder weniger verbindlichen Gebrauch eines einzigen Mo-
dalverbs hinaus (*es würde Abend werden*). Dieser sog. Einheits-
konjunktiv mit *würde* ist zwar wiederholt Gegenstand von
Sprachkritik und Sprachdidaktik geworden, stellt aber angesichts der historischen Entwicklung seit dem Mittelalter eine
konsequente Erscheinung dar.

Ein weiterer Gegenstand von wiederholt geäußerter Sprachkritik ist das **Genus Verbi Passiv**, mit dem eine zunehmende Un-
persönlichkeit der deutschen Sprache verbunden wird (vgl. etwa
Schiller vollendet 1804 «Wilhelm Tell» mit dem Verb *vollenden*

im Aktiv gegenüber « *Wilhelm Tell*» *wird 1804 von Schiller vollendet* mit dem Verb im Passiv). Und tatsächlich zeigt das Deutsche seit etwa dem 16. Jahrhundert einen zunehmenden Gebrauch des Passivs – wie auch immer man dies bewerten möchte. Das Passiv ist im Deutschen übrigens bereits seit dem frühen Mittelalter (wenn auch zunächst nur selten und seither stets in Periphrasen) nachweisbar. Seine Zunahme in der frühen Neuzeit ist mit einer Anpassung an das etwa zur gleichen Zeit entstehende Sechs-Tempus-System verbunden und entspricht somit einer allgemeinen Tendenz des Deutschen zur periphrastischen Umschreibung grammatischer Kategorien des Verbs.

3.2 Substantive und Adjektive (Deklination)

Die Formbildung der Substantive, Adjektive und Pronomina (Deklination) umfasst im Deutschen die grammatischen Kategorien Genus (Geschlecht), Kasus (Fall) und Numerus (Zahl). Dabei erscheint die geschichtliche Entwicklung im Bereich der Genera an dieser Stelle kaum von Bedeutung, während Kasus und Numerus durchaus interessante Veränderungen zeigen.

Die indoeuropäischen Sprachen kennen ursprünglich mindestens acht Fälle (vgl. die folgende Aufstellung). Während die ersten vier davon noch in der deutschen Gegenwartssprache vorkommen, sind die letzten vier manch einem nur aus dem altsprachlichen Unterricht bekannt. In der deutschen Sprache finden sie sich jedoch nicht mehr: Sie sind bereits vor Beginn der deutschen Sprachgeschichte im Rahmen der Schwächung unbetonter Nebensilben verschwunden, wobei sich allerdings im Althochdeutschen noch einige wenige Überbleibsel dieser alten Kasus erhalten haben. So sind hier immerhin etwa die fünf Formen *wort* (Nominativ), *wortes* (Genitiv), *worte* (Dativ), *wort* (Akkusativ) und *wortu* bzw. *worto* (Instrumentalis) belegt. Dieses Beispiel zeigt indessen auch, dass der **Abbau der Kasus** im Germanischen und Deutschen hiermit noch nicht an seinem Ende angelangt ist (vgl. die Formen von Nominativ und Akkusativ, die hier beide gleichermaßen *wort* lauten).

Kasus	Funktion	Kasus	Funktion
Nominativ	(neutral)	Ablativ	Adverbial
Genitiv	Attribut, Objekt	Lokativ	Ortsangabe
Dativ	indirektes Objekt	Instrumental	Handlungsmittel
Akkusativ	direktes Objekt, Adverbial	Vokativ	angesprochene Person

Dieser Abbau von Kasusformen spiegelt sich in weiteren Entwicklungen wider, die die deutsche Sprachgeschichte durchziehen. Eine davon ist der ergänzende **Gebrauch von Artikeln (Begleitern)** und darüber hinaus auch von Präpositionen (Verhältniswörtern), um die Kennzeichnung der Kasus zu unterstützen. So heißt es etwa im Neuhochdeutschen *das Wort* (Nominativ), *des Wort(e)s* (Genitiv), *dem Wort(e)* (Dativ), *das Wort* (Akkusativ) und *durch das Wort* (für den Instrumentalis). Aber selbst Artikel lassen nicht immer eine eindeutige Kasusunterscheidung zu (vgl. auch hier wiederum den Zusammenfall von Nominativ und Akkusativ, der im Deutschen sehr häufig ist; aber: *der Rabe* und *den Raben*). Sie haben sich im Mittelalter aus Demonstrativpronomen (hinweisenden Fürwörtern) entwickelt und stellen nunmehr eine eigene Wortart im Deutschen dar.

Eine zweite, sehr populäre Entwicklung im Rahmen des Kasusabbaus im Germanischen und Deutschen stellt der starke **Rückgang des Genitivs** dar. Die Verwendung des Genitivs als Kennzeichnung eines Objekts ist in der Gegenwartssprache schon mehr oder weniger ausgestorben. Sie hat sich allein in einem stilistisch hohen und dabei eher konservativen Sprachgebrauch erhalten (etwa: *Wir gedenken der Toten*) und wird meist mit Hilfe von Präpositionen (Verhältniswörtern) umschrieben (also beispielsweise: *Wir denken an die Toten*). Aber auch der Gebrauch des Genitivs als Attribut (Beifügung) ist im Deutschen rückläufig: So werden auch in der Schule immer seltener *Goethes Werke* oder *die Werke Goethes* gelesen, sondern vielmehr *die Werke von Goethe*; wer wenig damit am Hut hat, legt vielleicht auch *dem Goethe seine Werke* ungelesen beiseite. Beiden Umschreibungen, also sowohl derjenigen durch eine Präposition als auch derjenigen mit einem Personalpronomen, ist jedoch gemeinsam, dass hier nicht einfach ein anderer Kasus für den Genitiv einspringt, sondern andere Wortarten hinzugezogen werden (von daher ist die bekannte Parole *Der Dativ ist dem Genitiv sein Tod* als solche leider doch irreführend).

Neben dem Rückgang des Genitivs und dem Zusammenfall von Nominativ und Akkusativ zeigt sich im jüngeren Deutschen zudem eine Tendenz, den Dativ zugunsten des Akkusativs oder von Präpositionen zurückzustellen: Heutzutage wird man weniger *jemandem kochen*, man wird vielmehr *jemanden bekochen* oder *für jemanden kochen*. Diese Erscheinung wird von Sprachkritikern gerne als Tendenz zum Unpersönlichen gewertet. Ob sie zusammen mit den anderen Entwicklungen zu einem Zusammenfall der deutschen Kasus zu einem **Zwei-Kasussystem** (mit Nominativ und ergänzendem Kasus) führen wird, ist aus gegenwärtiger Sicht jedoch mehr als fraglich.

Während im Bereich der Kasus also ein Rückgang an Formen zu beobachten ist, zeigt sich bei den Numeri ein anderes Bild: Die Unterscheidung von **Singular und Plural** hat sich vom frühen Mittelalter bis in die Neuzeit als stabil erwiesen. Man denke hier vor allem an die Kennzeichnung des Plurals durch Suffixe wie *-e* (*Tag* und *Tage*), *-en* (*Leid* und *Leiden*) oder *-er* (*Kind* und *Kinder*). Ein Fehlen der Pluralform (wie etwa im Falle von *der Lehrer* und *die Lehrer*, wo die Kennzeichnung allein durch den begleitenden Artikel erfolgt) hat sich nicht durchgesetzt, im Gegenteil: Seit der frühen Neuzeit wird die Kennzeichnung des Plurals durch eigene Formen sogar ausgebaut. Dies gilt zum einen für die Kennzeichnung durch Umlaute (etwa bei *gast* und *gēsti* im Alt- sowie *Gast* und *Gäste* im Neuhochdeutschen) oder das seit dem 17. Jahrhundert besonders häufige Suffix *-s*, dessen Verwendung entweder auf französischen oder auf niederdeutschen Spracheinfluss zurückgeführt werden kann (vgl. beispielsweise *das Auto* und *die Autos*).

An dieser Stelle bietet es sich an, auf eine allgemeine sprach-

geschichtliche Tendenz hinzuweisen, die von Seiten der Vergleichenden Sprachwissenschaft immer wieder angenommen wird:
Es geht dabei um die Beobachtung, dass die deutsche Sprache
(wie andere indoeuropäischen Sprachen auch) ganz offensichtlich dazu neigt, die Kennzeichnung bestimmter grammatischer
Kategorien wie Person, Tempus oder Modus bei Verben und
Kasus oder Numerus bei Substantiven und Adjektiven immer
weniger durch «synthetische» Flexionsformen und immer mehr
durch «analytische» Umschreibungen zum Ausdruck zu bringen (vgl. die folgende Übersicht).

Grammatische Kategorien: Synthetische Wortformen	Analytische Umschreibungen
(1. bis 3.) Person	Personalpronomen
Tempus (Präsens, Präteritum)	Hilfsverben (Perfekt, Plusquamperfekt, Futur I und II)
Modus (Indikativ, Imperativ)	Modalverben (insbesondere Einheits- konjunktiv mit *würde*)
Genus Verbi (Aktiv)	*haben* und *sein* (Passiv)
Kasus (Nominativ, Genitiv, Dativ und Akkusativ)	Artikel, Präpositionen und Pronomen
Numerus (Singular und Plural)	[keine Umschreibung]

Dieser **Wandel von Synthese zu Analyse** zeigt sich also bei zahlreichen grammatischen Kategorien im Deutschen, wobei die
Kennzeichnung des Plurals bei den Substantiven eine wichtige Ausnahme darstellt, da die entsprechenden Formen hierbei nicht nur beibehalten, sondern sogar ausgebaut werden.
Weitaus bedeutender sind in diesem Zusammenhang jedoch
die Entwicklungen im Bereich der Wortbildung, da diese letztlich an einer allgemeinen Tendenz des Deutschen weg vom
synthetischen und hin zum analytischen Sprachbau zweifeln
lassen.

3.3 Wortbildung

Die deutsche Sprachgeschichte zeigt also nicht nur in der Bildung von Formen, sondern auch bei der Bildung von ganzen Wörtern einige wichtige Entwicklungen. Dies gilt insbesondere für die Komposition (Zusammensetzung von mehreren Wörtern zu einem einzelnen Wort), die Derivation (Ableitung einzelner Wörter durch entsprechende Suffixe) sowie die Kürzung von Wörtern.

Ist im mittelalterlichen Deutschen die Zusammensetzung von Wörtern auf eine verhältnismäßig sparsame Bildung zweigliedriger Komposita beschränkt, so ist etwa seit dem 16. Jahrhundert ein erheblicher **Ausbau der Komposition** festzustellen. Dabei nimmt zunächst die Anzahl an solchen Wortbildungen in verschiedenartigen Texten zu. Erst später, etwa seit dem 19. Jahrhundert, erhöht sich dann auch die Zahl der Bestandteile einzelner Komposita selbst, wobei drei- und viergliedrige Bildungen wie *Kraftfahrzeug* oder *Donaudampfschifffahrt* in der Gegenwartssprache nunmehr durchaus gebräuchlich sind; fünf- und mehrgliedrige Bildungen wie etwa *Kraftfahrzeugmechanikermeister* oder *Donaudampfschifffahrtskapitänspatent* werden dagegen kaum im Alltag, sondern allenfalls in Wissenschaft, Technik und Verwaltung akzeptiert. Manche Kompositionsbestandteile werden dabei heutzutage derart oft verwendet, dass ihre eigentliche Bedeutung zunehmend verblasst und sie selbst immer mehr als grammatische Wortbildungsmittel der Derivation erscheinen; Beispiele hierfür sind etwa *Wesen* in Bildungen wie *Gerichtswesen, Fremdenverkehrswesen* oder *Kraftfahrzeugwesen* sowie *frei* in beispielsweise *bleifrei, schulfrei* oder *stressfrei*.

Im Unterschied zur Zusammensetzung zeigt die Ableitung im Deutschen eine wechselhafte Entwicklung, bei der **Ab- und Ausbau der Derivation** aufeinander folgen. So weist das frühmittelalterliche Deutsch eine ganze Reihe an Ableitungsmöglichkeiten auf, die zudem recht häufig Gebrauch finden. Ein Beispiel hierfür stellt das lange *ī*-Suffix dar, mit dem nahezu jedes Adjektiv zu einem Substantiv abgeleitet werden konnte (vgl.

zum Beispiel althochdeutsch *scōni* mit kurzer Endung und der Bedeutung ‹schön› gegenüber *scōnī* mit langer Endung und der Bedeutung ‹Schönheit›). Im Zuge der Schwächung unbetonter Nebensilben gehen solche Wortbildungsmöglichkeiten allerdings immer mehr verloren, sodass hier zunächst einmal ein Rückgang an Ableitungen zu verzeichnen ist. Doch setzt bereits im Mittelalter die genannte Neigung des Deutschen ein, eigentlich selbständige Wörter durch vermehrten Gebrauch zu grammatikalisieren und so zu Bestandteilen von Wortableitungen zu machen. Dies zeigt sich noch heute an Suffixen wie etwa *-bar*, das letztlich auf das althochdeutsche Verb *beran* ‹tragen› zurückgeht, oder *-heit*, welches aus dem mittelhochdeutschen Substantiv *heit* ‹Person, Wesen› entstanden ist. Seit dem 15. und 16. Jahrhundert werden solche Ableitungen im Deutschen immer häufiger, wobei auch zunehmend fremdsprachliche Suffixe wie das lateinische *-ist* in *Nationalist* oder *Sozialist* sowie das französische *-ieren* in *alkoholisieren* oder *didaktisieren* eingeführt werden. Im modernen Deutschen werden dabei sehr oft (vor allem im fachsprachlichen Bereich) Substantive aus Verben abgeleitet (etwa *Zündung* aus *zünden* oder *Untersuchung* aus *untersuchen*). Diese Tendenz zur **Nominalisierung** und zur Entwicklung des sog. Nominalstils hat im Übrigen weit reichende Folgen für den Satzbau.

Die jüngste Entwicklung der deutschen Wortbildung schließlich tritt erst um das 19. Jahrhundert auf und besteht in der Einführung und **Verbreitung zahlreicher Kurzwörter** (Akronyme). Hierzu zählen Initialwörter wie *ADAC* aus *Allgemeiner Deutscher Automobilclub*, *DIN* aus *Deutsches Institut für Normung*, Anfangs- oder Kopfwörter wie *Uni* aus *Universität*, Endwörter wie *Bus* aus *Autobus* oder Klammerwörter wie *sportiv* aus *sportlich* und *aktiv*. Hinzu treten in der jüngsten Zeit Akronyme aus dem Internet bzw. der Chat-Kommunikation, die aus dem Englischen unverändert übernommen werden (zum Beispiel *cu* für *see you* oder *lol* für *laughing out loud*). Letztlich gehört zu dieser Entwicklung auch der zunehmende Gebrauch von ikonischen (abbildenden) Zeichen, die als nichtsprachliche Zeichen zu gelten haben, wie zum Beispiel solche aus der bekannten Smiley-Familie (etwa ☹, ☺, ☺ oder deren Verwandte).

Hier ist es nun sinnvoll, noch einmal auf die Entwicklung zwischen synthetischem und analytischem Sprachbau im Deutschen zurückzukommen. Während im Bereich der Formbildung synthetische Wortgebilde aus historischer Sicht im Großen und Ganzen abnehmen, ist im Wortbildungsbereich genau die umgekehrte Entwicklung zu erkennen: Mit dem Ausbau von Komposition, Derivation und Kurzwörtern nimmt die Zahl an solch synthetischen Gebilden deutlich zu, sodass von dem in der Forschung oft angenommenen Wandel weg von der Synthese und hin zur Analyse kaum die Rede sein kann. Vielmehr scheint das Deutsche an einem bestimmten Maß an synthetischem Sprachbau mehr oder weniger deutlich festzuhalten – selbst wenn (oder gerade weil) diese **Erhaltung von Synthese** mit deren Verlagerung aus dem Form- in den Wortbildungsbereich verbunden ist.

3.4 Wort- und Satzgliedstellung

Betrachtet man Quellen aus mittelalterlicher Zeit und vergleicht sie mit Texten unserer Tage, so mag man auf den ersten Blick durchaus den Eindruck gewinnen, dass die sprachgeschichtlichen Veränderungen im Bereich des Satzbaus weitaus geringer ausfallen als in dem der Form- und Wortbildung. Und tatsächlich sind die syntaktischen Entwicklungen im Deutschen hinsichtlich der verschiedenen Möglichkeiten, Sätze zu bauen, eher gering. Doch in Bezug auf die Häufigkeit und die Verbindlichkeit, mit denen solche Möglichkeiten ausgeschöpft werden, erweisen sich diese Entwicklungen schließlich doch als bemerkenswert.

Dies zeigt sich bereits an einem recht einfachen Beispiel: So ist die **Stellung attributiver Adjektive** im mittelalterlichen Deutschen verhältnismäßig frei, sodass Konstruktionen wie *guot man inti reht* neben *guot inti reht man* durchaus üblich sind; heute ist demgegenüber allein die Stellung *ein guter und gerechter Mann* möglich. Diese Reglementierung läuft also darauf hinaus, dass Adjektive im Deutschen generell ihrem Bezugsnomen vorangestellt werden. Reste der Nachstellung attributiver Adjektive finden sich indessen noch bis ins 19. Jahrhundert hinein, wenn Goethe zum Beispiel über das *Röslein rot* und nicht über das *rote Röslein* dichtet.

Neben der Stellung attributiver Adjektive zeigt auch die **Stellung von Genitivattributen** eine zunehmende Reglementierung. Im mittelalterlichen Deutschen war die Voran- oder Nachstellung solcher Attribute mehr oder weniger freigestellt, also etwa *zunga gastes* ebenso wie *gastes zunga*, entsprechend *(die) Sprache des Gastes* und *des Gastes Sprache*. Wie das Beispiel bereits andeutet, ist die hierauf folgende Reglementierung nicht so streng ausgefallen wie im Bereich der adjektivischen Attribute. Dennoch nimmt die Voranstellung der Genitivattribute seit dem 16. Jahrhundert kontinuierlich ab, indem diese oft zu Kompositionsgliedern übergehen, und gilt innerhalb der Literatur- bzw. Standardsprache bereits seit dem 19. Jahrhundert als veraltet (mit Ausnahme von Eigennamen, bei denen die Genitivvoranstellung bis heute ausgesprochen produktiv ist; vgl. etwa *Müllers Mühle* oder *Goethes Werke*). In den deutschen Mundarten ist diese Entwicklung weiter vorangeschritten, indem genitivische Attribute hier weitgehend durch andere Konstruktionen ersetzt werden: Statt des Genitivattributs in *die Mühle Müllers* findet man hier zum Beispiel Konstruktionen mit Präpositionen wie *die Mühle von Müller* oder solche mit Personalpronomen wie *dem Müller seine Mühle*.

Vergleicht man die Entwicklung der Stellung von Adjektiv- und Genitivattributen, fällt auf, dass die Adjektivattribute zunehmend vor das Bezugswort (rezeptiv), die Genitivattribute dagegen eher hinter das Bezugswort (emissiv) gesetzt werden. In der Geschichte der deutschen Sprache haben sich hier also zwei verschiedene Stellungsprinzipien durchgesetzt, wobei sich **rezeptive und emissive Bauweise** weitgehend die Waage halten und abhängig von der Wortart (Adjektiv bzw. Nomen) geregelt werden.

Betrachtet man nun die **Stellung von Verben und Objekten**, die von ihnen abhängig sind, kann man eine weitere interessante Reglementierung im Verlauf der deutschen Sprachgeschichte feststellen. Denn auch hier hat die Stellung der Satzglieder im Mittelalter zunächst als verhältnismäßig frei zu gelten: Die Objekte können den entsprechenden Verben entweder vorangehen oder nachfolgen. Bis zum 19. und 20. Jahrhundert aber ändert sich dies, da hier mehr oder weniger verbindliche Stellungsregelungen erscheinen. Dabei sind diese Regelungen jedoch nicht abhängig von Wortarten wie im Falle der Attribute, sondern von Satzarten (vgl. die kleine Auswahl an Beispielen in der folgenden Tabelle; O = Objekt, S = Subjekt, V = Verb; em = emissiver Typ, rez = rezeptiver Typ; * = Nebenvariante):

Satzart	Beispiele	Stellung	Typ
Aussage	*Goethe schrieb Gedichte.*	SVO	em
	*Gedichte schrieb Goethe.	OVS	rez
Frage	*Schrieb Goethe Gedichte?*	VSO	em
	*Gedichte schrieb Goethe?	OVS	rez
Aufforderung	*Schreibe ein Gedicht!*	VO	em
Nebensatz	*weil Goethe Gedichte schrieb...*	SOV	rez
	*weil Goethe schrieb Gedichte...	SVO	em

Diese kleine Übersicht lässt erkennen, dass Hauptsätze in Form von Aussagen, Fragen und Aufforderungen in der Regel das Objekt nach dem Verb (dem Prädikat) setzen, also emissiv konstruieren. Rezeptive Konstruktionen, bei denen das Objekt jeweils dem Verb vorangeht, sind demgegenüber zwar möglich und drücken in diesen Beispielen eine besondere Betonung (Emphase) des Objektes aus; sie sind jedoch lediglich als Nebenkonstruktionen anzusehen. Im Falle (eingeleiteter) Nebensätze verhält es sich gerade umgekehrt: Die übliche Konstruktion besteht darin, das Objekt jeweils rezeptiv dem Verb voranzustellen und damit den Nebensatz gegenüber einem Hauptsatz abzuheben. Dass diese Regelung in der Standardsprache in einigen Fällen missachtet wird, ist eine Erscheinung der jüngeren Sprachgeschichte und vermutlich auf mundartliche bzw. umgangssprachliche Einflüsse zurückzuführen.

Die drei genannten Entwicklungen innerhalb des deutschen Satzbaus zeigen mindestens zwei Gemeinsamkeiten: Zum einen wird jeweils die im Mittelalter noch verhältnismäßig freie Stellung der betreffenden Wörter bzw. Satzglieder bis in die Neuzeit hinein mehr oder weniger auf eine bestimmte Stellung hin festgelegt. Zum anderen ist diese Stellung entweder emissiv oder rezeptiv, sodass keine eindeutige Entwicklung hin zu einem emissiven oder rezeptiven Sprachtyp festzustellen ist; die deutsche Sprache etabliert sich vielmehr im Laufe ihrer Geschichte als ein Mischtyp, bei dem beide Stellungsvarianten in Abhängigkeit von Wortarten oder Satzgliedern eine immer größere Verbindlichkeit (oder auch: syntaktische Konfigurationalität) erreichen.

Hier stellt sich nun die Frage, welche **Gründe für eine höhere Konfigurationalität** im Deutschen angegeben werden können. In der traditionellen Sprachwissenschaft wird dabei in der Regel etwa folgendermaßen argumentiert: Die Schwächung unbetonter Nebensilben bedinge einen Zusammenfall von Flexionsformen, sodass bestimmte Satzbestandteile anhand ihrer Form selbst nicht mehr eindeutig zu erkennen seien. Um aber eine solche Erkennbarkeit auch weiterhin zu gewährleisten, weiche die deutsche Grammatik gewissermaßen von der Formbildung auf den Satzbau aus und kennzeichne die betreffenden Satzbestandteile durch ihre Stellung im fertigen Satz. Diese Auffassung ist von der jüngeren Sprachwissenschaft aus verschiedenen Gründen nicht unwidersprochen geblieben – nicht zuletzt auch, weil diese Argumentation auch genau umgekehrt geführt werden kann: Hiernach ermögliche eine hohe Konfigurationalität erst die syntaktische Kennzeichnung einzelner Satzbestandteile und mache so deren Kennzeichnung durch Formen mehr oder weniger überflüssig, sodass eine Nebensilbenschwächung erst möglich werde. Gegen diese zweite Position spricht jedoch die sprachgeschichtliche Tatsache, dass Nebensilbenschwächung und Formenschwund in den Quellen früher spürbar werden als die Konfigurationalität der Satzbestandteile. Wie auch immer: Das gedankliche Experiment lässt noch einmal deutlich werden, wie verschiedene Entwicklungen auf Laut-, Form- und Satzebene ineinander greifen können.

3.5 Weitere Erscheinungen

Die deutsche Sprachgeschichte zeigt neben der Erhöhung emissiver und rezeptiver Konfigurationalität eine ganze Reihe weiterer syntaktischer Entwicklungen. Einige interessante Phänomene sollen im Folgenden kurz erläutert werden.

Immanuel Kant, wohl der bedeutendste Vertreter der deutschen Aufklärung und bekannt für seine genaue Ausdrucksweise, schreibt in der Einleitung zu seinem Hauptwerk, der «Kritik der reinen Vernunft» (1787): *So enthält die reine Vernunft, die uns anfangs nichts Geringeres als Erweiterung der Kenntnisse über alle Grenzen der Erfahrung zu versprechen schien, wenn wir sie recht verstehen, nichts als regulative Principien, die zwar größere Einheit gebieten, als der empirische Verstandesgebrauch erreichen kann, aber eben dadurch, dass sie das Ziel der Annäherung desselben so weit hinausrücken, die Zusammenstimmung desselben mit sich selbst durch systematische Einheit zum höchsten Grade bringen, wenn man sie aber missversteht und sie für constitutive Principien transscendenter Erkenntnisse hält, durch einen zwar glänzenden, aber trüglichen Schein Überredung und eingebildetes Wissen, hiermit aber ewige Widersprüche und Streitigkeiten hervorbringen.*

Solche Satzkonstruktionen sind nicht nur für den Philosophen Kant, sondern auch für seine Zeitgenossen in der Aufklärung und im vorangehenden Barock alles andere als untypisch: Umfangreiche Schachtelsätze bzw. komplexe hypotaktische Konstruktionen aus Haupt- und verschiedenen Arten von Nebensätzen können geradezu als ein wesentliches Merkmal barocken und aufgeklärten Sprachgebrauchs gelten. Aus sprachwissenschaftlicher Sicht kann man dies vielleicht auf die zunehmende Verbreitung von deutschsprachigen Schriftstücken seit der Erfindung des Buchdrucks um die Mitte des 15. Jahrhunderts zurückführen, da komplizierte Satzkonstruktionen in schriftlichen Texten leichter nachzuvollziehen und zu verstehen sind als in der gesprochenen Sprache: So erstaunt es auch nicht, dass der Satzbau in mittelalterlichen Quellen (sofern es sich dabei nicht um Übersetzungen aus dem Lateinischen handelt) weitaus einfacher ist, also eher kurze Sätze und nebenordnende, parataktische Konstruktionen zeigt. Erstaunlich ist vielmehr, dass diese Tendenz zur **Verstärkung komplexer Hypotaxe** seit der frühen Neuzeit dann im 18. Jahrhundert wieder durch eine gegenläufige Entwicklung zu kürzeren und einfachen Sätzen umgekehrt wird. Zwar sind lange und komplexe Konstruktionen noch bis in die Gegenwartssprache hinein zu finden, doch nimmt deren Zahl und Umfang stetig ab.

Ein Grund hierfür könnte sein, dass gute Verständlichkeit und leichte Übersichtlichkeit auch in einer Vielzahl schriftlicher Texte als Vorteile aufgefasst werden. Ein weiterer Grund für die Verkürzung und Vereinfachung des neuhochdeutschen Satzbaus könnte aber auch in zwei weiteren syntaktischen Entwicklungen liegen, die auf die Komplexität einzelner Sätze zurückwirken. Dabei handelt es sich einerseits um den **Ausbau von Funktionsverbgefügen** und andererseits um die Tendenz zur Nominalisierung. Beide Erscheinungen lassen sich anhand eines einfachen Beispiels leicht erklären. Anstelle von *analysieren* heißt es in jüngeren Texten des Öfteren *eine Analyse durchführen*. Dabei wird die Gesamtbedeutung des Vollverbs *analysieren* auf verschiedene Träger von Teilbedeutungen verteilt: der Bedeutungskern auf das Substantiv *Analyse* (Nominalisierung) und die grammatische Information auf das Ersatz- bzw. Funktionsverb *durchführen*. Diese Herausbildung von Funktionsverbgefügen beginnt bereits im Frühneuhochdeutschen – also in der Zeit, als das Modalsystem der deutschen Verben zunehmend unter Druck gerät und analytische Umschreibungen durch Modalverben erforderlich macht. Sie hat heutzutage (trotz einer Vielzahl sprachkritischer Klagen) nichts oder nur wenig von ihrer Beliebtheit verloren.

Entsprechend hierzu gilt dies auch für nominale Bedeutungsträger, die vor allem in Texten aus Wissenschaft, Technik und Verwaltung sehr zahlreich erscheinen. Diese **Tendenz zur Nominalisierung** mag unter anderem auch damit zusammenhängen, dass fachsprachliche Wortbedeutungen in den großen naturwissenschaftlichen Klassifikationen des 19. Jahrhunderts (zum Beispiel in der Biologie oder in der Chemie) oftmals auf

Substantive festgelegt werden und Verben in den entsprechenden Texten wiederum eine überwiegend grammatische Funktion zu erfüllen haben. Dies führt dann in der jüngeren Sprachgeschichte auch dazu, dass einzelne nominale Satzglieder immer stärker ausgebaut werden: So ist es heutzutage durchaus üblich, nicht von einer *Analyse, die leicht durchzuführen ist,* sondern von einer *leicht durchführbaren Analyse* zu sprechen. Dieses Beispiel zeigt nun, dass mit dem fachsprachlichen Nominalstil eine Abnahme der Komplexität von Satzgefügen verbunden ist (der Relativsatz wird hier durch ein adjektivisches Attribut ersetzt). Es greifen hier also wieder verschiedene Entwicklungen des deutschen Satzbaus ineinander, ohne dass letztlich zu klären ist, welche dieser einzelnen Entwicklungen die anderen bedingt oder gar bestimmt.

Dies gilt nicht zuletzt auch für die **Stärkung von Klammerkonstruktionen** im Verlauf der deutschen Sprachgeschichte. Denn aus der vergleichsweise freien Wortstellung des Mittelalters haben sich weitere feste Konstruktionsweisen herausgebildet, die für das Deutsche mehr oder weniger charakteristisch sind. Dies gilt insbesondere auch für die sog. Verbklammer, bei der etwa ein Hilfs- oder Modalverb einerseits und ein Vollverb andererseits nicht beieinander, sondern getrennt voneinander stehen. So konnte etwa Hartmann von Aue im Gregorius noch mittelhochdeutsch dichten: *Mîn herze hat betwungen / dicke mîne zungen.* In der Gegenwartssprache können *hat* und *betwungen* bzw. *bezwungen* nicht mehr zusammenstehen, sondern müssen getrennt werden, also etwa: *Mein Herz hat meine Sprache oft bezwungen.* Solche Verbklammern waren im Alt- und Mittelhochdeutschen bereits weit verbreitet, ihre Verbindlichkeit (Konfigurationalität) nimmt jedoch bis zur Gegenwart hin deutlich zu.

Dies mag auch daran liegen, dass die Verbklammer im Gegensatz hierzu in Nebensätzen aufgehoben wird und somit einen wichtigen Beitrag zu deren Kennzeichnung leistet. Von dem Beispiel ausgehend könnte es dann etwa heißen: *Gregorius schreibt, dass sein Herz seine Sprache oft bezwungen habe.* Hier wird die für Nebensätze verbindliche Endstellung des (finiten)

Verbs eingehalten und keine Verbklammer gebildet. Auch eine solche **Letztstellung des Verbs in eingeleiteten Nebensätzen** hat erst im Neuhochdeutschen ihre größte Verbindlichkeit erlangt – und in der jüngsten Zeit auch wieder etwas davon verloren. Denn bei einigen satzeinleitenden Konjunktionen beginnt sich bereits wieder eine gegenläufige Tendenz durchzusetzen, das Verb nicht an die letzte Stelle des Nebensatzes zu setzen, sondern (wie bei Hauptsätzen üblich) an die zweite. Um wieder ein entsprechendes Beispiel zu konstruieren: Der deutschen Standardsprache entsprechend heißt es etwa: *Gregorius schreibt, weil sein Herz seine Sprache oft bezwungen hat*; umgangssprachlich ist dagegen bereits schon die folgende Konstruktion möglich: *Gregorius schreibt, weil sein Herz hat seine Sprache oft bezwungen.* Hier zeigt sich wieder einmal, dass nicht alle Entwicklungen der deutschen Sprachgeschichte in genau eine Richtung verlaufen. Selbst der Anstieg an Konfigurationalität, den man im Rahmen der Syntaxgeschichte wiederholt beobachten kann, erfährt hier eine gewisse Einschränkung.

Fazit   *Grammatik – richtungsweisend?* – Die Grammatik des Deutschen ist seit Beginn erheblichen Veränderungen unterworfen. Hierzu zählt im Wesentlichen ein Abbau der (synthetischen) Formbildung bei Verben und Nomen, der durch einen Ausbau der (synthetischen) Wortbildung und durch einen Ausbau von (analytischen) Umschreibungen ausgeglichen bzw. ergänzt wird. Hinzu kommt hier eine zunehmende Verbindlichkeit in der Wort- und Satzgliedstellung, die sich jedoch nicht auf einen (emissiven oder rezeptiven) Stellungstyp festlegen lässt. Unter dem Strich ist also im Rahmen der deutschen Grammatikgeschichte weder von einer Tendenz zu analytischer oder synthetischer Bauweise noch von einer solchen zu emissiver oder rezeptiver Stellung zu sprechen. Hauptcharakteristikum ist hier vielmehr die zunehmende Verbindlichkeit grammatischer Kennzeichnungen und syntaktischer Stellungen. Im Zuge ihrer Beschreibung erlangen Darstellungen zur deutschen Grammatik zunehmend auch den Charakter von Vorschriften und tragen somit letztlich zur Entwicklung der deutschen Standardsprache bei.

4. Wird der Wortschatz immer reicher?

4.1 Zunahme an Wörtern und Begriffen

Die Menschheit gewinnt seit Jahrhunderten und Jahrtausenden neue Erfahrungen und Erkenntnisse, die mit einzelnen Wörtern zum Ausdruck gebracht werden. Und so liegt zunächst einmal die Vermutung nahe, dass der Wortschatz einzelner Sprachen im Laufe der Zeit immer mehr an Umfang zunimmt. Ein kurzer Blick auf das Deutsche mag dies bestätigen: Der althochdeutsche Wortschatz im 9. Jahrhundert wird auf etwa 20 000 bis 30 000 Wörter geschätzt (wobei solche Schätzungen äußerst vorsichtig erfolgen müssen, da es aus dieser Zeit nur vergleichsweise wenig schriftliche Quellen gibt). Schlägt man die großen Wörterbücher der deutschen Gegenwartssprache auf, kommt man dagegen auf einen Wert von bis zu 300 000 Einträgen bzw. Wörtern mit etwa 500 000 Einzelbedeutungen. Doch auch bei diesen Zahlen ist höchste Vorsicht geboten – ist doch die Textgrundlage solcher Nachschlagewerke angesichts einer Überfülle an Quellen oft nicht hinreichend klar. Dennoch: Angesichts dieser und ähnlicher Befunde hätte sich der deutsche Wortschatz also in den vergangenen zwölf Jahrhunderten nahezu verzehnfacht! Ein solcher **Ausbau des Wortschatzes** stellt eine kaum vorstellbare und überdies wohl auch kaum den Tatsachen entsprechende Entwicklung dar, die hier insbesondere auch angesichts der engen Verbindung zwischen Wortschatzentwicklung sowie Kultur- und Gesellschaftsgeschichte nicht einmal in groben Zügen nachgezeichnet werden kann (eine umfassende Darstellung der deutschen Wortschatzgeschichte wurde bezeichnenderweise bis heute nicht geschrieben). Aus diesem Grund werden im Folgenden zunächst einige Entwicklungsmöglichkeiten im deutschen Wortschatz aufgezeigt und im Anschluss hieran anhand einiger Beispiele etwas näher erläutert.

Der Wortschatz einer Sprache kann sich zunächst einmal grundsätzlich dadurch ändern, dass neue Wörter eingeführt oder vorhandene Wörter nicht mehr gebraucht werden. Bei der **Einführung von neuen Ausdrücken** gibt es wiederum zwei Verfahren: Wortentlehnung und Wortbildung – entweder werden Wörter aus anderen Sprachen in den eigenen Wortschatz übernommen oder sie werden aus bereits vorhandenen Wörtern oder Wortbestandteilen neu zusammengesetzt. Auf die Entlehnung von Wörtern aus anderen Sprachen wird im Folgenden noch näher eingegangen. Die Bildung von neuen Wörtern geschieht nach Verfahren, wie sie oben bereits erläutert wurden: Hierbei kommt es zu Ableitungen (Derivata) wie *fliehen*, *Flucht* und *flüchtig*, Zusammensetzungen (Komposita) wie *Hochsitz*, *Sitzplatz* oder *Sitzkissen*, sowie Kurzwörtern wie *Bus*, *Uni* oder *ADAC*. Echte Neuschöpfungen, bei denen entsprechende Laute nachgeahmt werden (sog. Onomatopoetika), sind vergleichsweise selten (vgl. neben *Kuckuck* etwa *quieken*, *schnarchen* oder *gackern*).

Die Gründe für solche Wortschatzerweiterungen sind so vielfältig wie die gesellschaftliche und kulturelle Entwicklung einer Sprachgemeinschaft selbst: Jede Neuerung bzw. Erweiterung bedarf neuer Wörter und Begriffe, mit denen hierauf Bezug genommen wird. Besonders deutlich zeigt sich dies, wenn bestimmte Begriffe oder Sachverhalte aufgewertet oder gesteigert werden sollen. So dienen **Euphemismen** dazu, etwas zu beschönigen und nicht direkt auszusprechen. Dies gilt etwa für den Teufel, wenn man jemanden *zum Kuckuck* wünscht und dabei den Satan selbst nicht erwähnen möchte. Solche tabuisierenden Umschreibungen sind insbesondere auch im 19. Jahrhundert sehr beliebt: Man denke an so bekannte Beispiele wie *Toilette* oder *Abort* (im Sinne von ‹abgelegener Ort›), *entwenden* für *stehlen*, *in anderen Umständen* für *schwanger* oder (etwas jünger) *vollschlank* für *dick*. Steigernde Ausdrücke haben in der Sprache eigentlich immer Konjunktur und unterliegen laufend Neuerungen, da sie sich recht schnell abnutzen: Solche **Hyperbeln** sind zum Beispiel in der ersten Hälfte des 20. Jahrhunderts *phantastisch*, *kolossal* oder *schrecklich*, die in der

zweiten Hälfte vor allem von jüngeren Leuten gerne durch *su-
per, toll* oder *prima* ersetzt werden; das bekannte Adjektiv *geil*
ist in diesem Zusammenhang besonders interessant, da es erst
seit neuhochdeutscher Zeit auf einen körperlich-sexuellen
Kontext beschränkt ist und im mittelalterlichen Deutschen
(ähnlich wie im gegenwärtigen Sprachgebrauch jüngerer Leute)
eine wesentlich weiter zu fassende Bedeutung zeigt. – Besonders bekannt für einen hyperbolischen Gebrauch von Sprache
ist heute neben der Politik vor allem die Werbebranche: Manche Produkte sind *absolut einwandfrei* oder *ohnegleichen* und
werden durch ihren *Bombenerfolg* bei den Verbrauchern zu
einem *Kassenschlager* für die Unternehmen. Absurditäten wie
die *optimalste Lösung* (geht es denn optimaler als optimal?)
oder das *weißeste Weiß* (wonach weiß offensichtlich auch immer ein wenig schwarz ist...) sind hier durchaus an der Tages-
ordnung.

Solche Beispiele für die Erweiterung des Wortschatzes dürfen
jedoch nicht darüber hinwegtäuschen, dass die deutsche Sprachgeschichte auch einen **Wegfall von Wörtern** kennt. Dies lässt sich
an dem folgenden kleinen Beispiel zeigen: Das mittelhochdeutsche Wort *lützel* (althochdeutsch *luttil*) mit der Bedeutung ‹klein›
ist seit dem 16. Jahrhundert aus der hochdeutschen Schriftsprache verschwunden und findet sich heute nur noch in Dialekten
(etwa niederdeutsch *lütt*) oder in älteren Ortsnamen wie etwa
Lützelsachsen. Das neuhochdeutsche Wort *klein* ist demgegenüber etymologisch verwandt mit dem englischen Wort *clean* in
der Bedeutung ‚sauber› und trug ursprünglich die Bedeutung
‹glatt, glänzend›, später dann auch ‹rein, gering, zart›. Erst im
Zusammenhang mit dem Verschwinden von *lützel* hat *klein* die
Bedeutung angenommen, die heute allgemein bekannt ist.

Das letzte Beispiel zeigt bereits, dass die Geschichte des
Wortschatzes nicht allein in der Bildung und Entlehnung von
neuen Ausdrücken oder Bezeichnungen besteht, sondern auch
Veränderungen in den Bedeutungen einzelner Wörter zeigt.
Ein solcher Bedeutungswandel kann zunächst einmal in einer
Zunahme an Bedeutungen bestehen, bei der die Gesamtbedeu-
tung einzelner Wörter um eine oder mehrere Einzelbedeu-

tungen ergänzt wird. So bezeichnet beispielsweise das Wort
Wurzel (althochdeutsch *wurzala*) ursprünglich den gewunde-
nen, verästelten Teil von Pflanzen, der in der Erde steckt und
zu deren Halt und Ernährung dient. Im Laufe der Zeit ist dann
aufgrund von sachlichen Ähnlichkeiten in unterschiedlichen
Fachbereichen eine ganze Reihe an weiteren Bedeutungen hin-
zugekommen, darunter diejenigen aus der Zahnmedizin, der
Mathematik oder der Sprachwissenschaft. – Neben einer solchen Zunahme an Bedeutungen ist jedoch bisweilen auch eine
Abnahme an Bedeutungen zu beobachten. So trägt zum Beispiel das Wort *Elend* noch im frühen Neuhochdeutschen mindestens zwei Bedeutungen: zum einen ‹Fremde, Ferne› und
zum anderen ‹Entbehrung, Not›. Im jüngeren Deutschen ist
von diesen beiden nur die zweite Bedeutung erhalten geblieben, während die erste seit mindestens zwei Jahrhunderten
nicht mehr zu belegen ist.

Das Beispiel *Wurzel* deutet bereits an, dass viele neue Bedeutungen durch einen uneigentlichen Sprachgebrauch der betreffenden Wörter (in der Rhetorik «Tropen» genannt) bedingt
sind. Zu den Formen solch uneigentlichen Sprachgebrauchs gehört unter anderem die **Metapher**, bei der ein Wort unter einer
ähnlichen Bedeutung bildhaft verwendet wird und die ur-
sprüngliche Bedeutung dann mehr oder weniger in den Hintergrund rückt. Dies kann am Beispiel von *Kopf* sehr schön gezeigt
werden. *Kopf* bedeutet ursprünglich ‹Becher› (vgl. noch heute
cup im Englischen) und wurde in mittelhochdeutscher Zeit sehr
oft metaphorisch unter der Bedeutung ‹Hirnschale› gebraucht,
was letztlich eine Verschiebung zu der im Neuhochdeutschen
gebräuchlichen Bedeutung mit sich gebracht hat. Von dieser
Bedeutung ausgehend sind dann im Laufe der Zeit weitere metaphorische Bedeutungen entstanden, wie im Falle von *Noten-*,
Brücken- oder *Briefkopf*. Im Zuge dieser Entwicklung hat die
neuhochdeutsche Verwendung von *Kopf* das germanische Erb-
wort *Haupt* verdrängt und seinerseits zahlreiche neue Metaphern evoziert (so etwa *Birne* oder *Rübe*). Viele metaphorische
Bedeutungen stammen übrigens aus der Tierwelt und werden
auf den menschlichen oder technischen Bereich übertragen: So

zum Beispiel *hamstern* ‹Vorräte sammeln› (wie ein Hamster), *Kran* ‹Trageapparatur› (mit schmalem Hals wie ein Kranich) oder *Hahn* ‹Wasseraustritt› (in der Form eines Vogelkopfes). Diese Beispiele zeigen auch, dass manche Ähnlichkeiten mittlerweile gar nicht mehr erkennbar sind. Besonders deutlich ist dies vielleicht in den folgenden Fällen: *erfahren* (ursprünglich ‹reisend erkunden›), *überspannt* (ursprünglich ‹zu stark gespannt›), *merkwürdig* (ursprünglich ‹wert zu erinnern›). – Neben der Metapher ist es oft auch die **Metonymie**, die zu einer Zunahme an einzelnen Bedeutungen führt. Hierbei werden Wörter zur Bezeichnung von etwas verwendet, das der ursprünglichen Bedeutung nicht ähnlich ist, sondern vielmehr in einem tatsächlichen Zusammenhang damit steht. So werden etwa *Kirche* oder *Schule* nicht nur für die entsprechenden Gebäude, sondern auch für die darin lebenden und arbeitenden Personen verwendet. Andere Bezeichnungen leiten sich von den Namen der Personen oder Orte ab, auf die sie ursprünglich zurückgehen; hierzu zählen beispielsweise *Kaiser* nach dem römischen Herrscher Julius Caesar, *röntgen* nach dem Physiker Wilhelm Conrad Röntgen, *Damast* als Stoff aus Damaskus oder *Pfirsich* als Apfel aus Persien.

Neben der Zunahme an Bedeutungen eines Wortes ist es auch möglich, dass sich einzelne Bedeutungen selbst verändern. Besonders deutlich wird dies, wenn sich Bedeutungen entweder erweitern oder verengen. Eine **Bedeutungserweiterung** liegt vor, wenn eine verhältnismäßig enge Bedeutung eines Wortes allgemeiner wird. So ist aus der ursprünglich engeren Bedeutung des Wortes *Sache* ‹Gegenstand eines Rechtsstreits› heute die weitere Bedeutung ‹Gegenstand (überhaupt)› entstanden. Solche Erweiterungen einzelner Bedeutungen sind bei verhältnismäßig häufig verwendeten Wörtern oftmals mit einer Abschwächung verbunden: Bekanntestes Beispiel ist hier sicher das Wort *sehr*, das heute eine vage Betonung beinhaltet und somit ziemlich verblasst erscheint, jedoch ursprünglich unter der ganz konkreten Bedeutung ‹schmerzlich› verwendet wurde (wie etwa noch heute an Wörtern wie *unversehrt* oder *Kriegsversehrter* nachvollziehbar ist). Aber auch der umgekehrte Fall, dass eine allgemeinere Bedeutung mit der Zeit enger wird, ist möglich. Eine solche **Be-deutungsverengung** zeigt beispielsweise das Wort *Hochzeit*, das als *hôchgezît* noch im Mittelhochdeutschen ein hohes kirchliches oder weltliches Fest bezeichnet und im Neuhochdeutschen dann auf die engere Bedeutung ‹Eheschließungsfeier› eingeschränkt wird.

Eine letzte, interessante Erscheinung im Rahmen des Wandels von Bedeutungen stellen schließlich Veränderungen der Wertung, die jeweils mit einer bestimmten Wortbedeutung verbunden wird, dar. So trägt das althochdeutsche Adjektiv *alawâri* die neutrale Bedeutung ‹ganz wahr, freundlich›, während mittelhochdeutsch *alwære* bereits etwas negativ ‹allzu gütig, dumm› und neuhochdeutsch *albern* dann sehr negativ ‹töricht, einfältig› meint. Neben solch **Bedeutungsverschlechterungen** gibt es jedoch auch **Bedeutungsverbesserungen**. So verschiebt sich die Bedeutung ‹Pferdeknecht› des althochdeutschen Worts *marahscalc* schrittweise über ‹Stallmeister›, ‹Hofbeamter› und ‹Offizier der Reiterei› letztlich bis hin zur Bezeichnung des höchsten militärischen Rangs, des *Marschalls*.

4.2 Wort- und Gesellschaftsgeschichte

Die eben genannten Entwicklungen spielen sich in der sprachlichen Wirklichkeit nicht einzeln und voneinander getrennt ab, im Gegenteil: Jede Veränderung im Wortschatz ist in der Regel in eine ganze Reihe weiterer Veränderungen eingebettet, geht auf solche zurück oder begründet weitere. Dies lässt sich hier nur anhand von einigen kleineren Ausschnitten aus der Entwicklung des deutschen Wortschatzes und einzelner Bedeutungen in Religion, Kultur und Politik zeigen.

Von besonderer Bedeutung für die Sprachgeschichte des Deutschen ist sicherlich die **Entwicklung des religiösen Wortschatzes**. Einige Etappen hieraus: Bereits in frühmittelalterlicher Zeit werden heidnische Bedeutungen in christliche umgedeutet. So stellt *Gott* (meist im Plural verwendet) vormals einen Sammelbegriff für männliche und weibliche Gottheiten germanischen Ursprungs dar und wird erst mit der Christianisierung zur Bezeichnung des einen Gottes (und damit im Singular) eingesetzt. In Entsprechung hierzu leitet sich die *Hölle* im christlichen Verständnis aus dem germanischen Totenreich, das nach der Göttin *Hel* benannt wird, ab. Und das Wort *Buße* schließlich, das ursprünglich die Bedeutungen ‹Vorteil, Nutzen› sowie ‹Heilung (durch Zauber)› trägt, übernimmt in der Kirchensprache des frühen Mittelalters die Bedeutung ‹Genugtuung des Sünders vor Gott›, die letztlich von den lateinischen Ausdrücken *poenitentia* bzw. *satisfactio* herstammt. Andere Wörter religiösen Ursprungs kommen im Althochdeutschen dagegen ganz außer Gebrauch, da sie eng im Zusammenhang mit der heidnischen Religion stehen und christlichen Einflüssen weichen müssen; ein Beispiel hierfür ist der Ausdruck *galan* ‹singen (von Zauberformeln)›, der heute etwa noch in *Nachtigall* enthalten ist. Im späten Mittelalter und in der frühen Neuzeit zeigt der religiöse Wortschatz dann einige weitere wichtige Entwicklungen. So wird zunächst im 13. und 14. Jahrhundert der abstrakte Wortschatz des Deutschen vor allem durch die Mystiker (wie Hildegard von Bingen oder Meister Eckhart) weiterentwickelt, indem diese versuchen, religiöse Erfahrung sprachlich zu vermitteln. Dabei werden viele Wörter metaphorisch verwendet oder mit abstrakten Suffixen wie *-heit*, *-keit* oder *-ung* gebraucht: *Einfall*, *Eindruck*, *einleuchten* und *einsehen* bzw. *Hoheit*, *Heimlichkeit* und *Berührung* sind nur wenige Beispiele, die auch heute noch verwendet werden. Und genau dieser Wortschatz ist es dann auch, der im 16. Jahrhundert Martin Luther zu zahlreichen Neubildungen wie zum Beispiel *Feuereifer*, *friedfertig*, *lichterloh*, *kleingläubig* oder *Sündenangst* inspiriert hat. Auch wenn man angesichts jüngerer Forschungsergebnisse den Reformator sicher nicht mehr als den Begründer der neuhochdeutschen Schriftsprache ansehen kann, so darf der Einfluss, den er auf die jüngere deutsche Sprachgeschichte durch die Übersetzung der Bibel und andere theologische Schriften genommen hat, dennoch nicht unterschätzt werden. Die oben genannten Beispiele zeigen des Weiteren auch, dass viele Wörter aus dem religiösen Bereich inzwischen in den Alltag eingegangen sind und dabei im Zuge von Aufklärung und Säkularisation eine vornehmlich weltliche Bedeutung angenommen haben. Auch dies ist ein Teil der Geschichte des religiösen Wortschatzes im Deutschen.

Neben dem religiösen zeigt aber auch der weltliche Bereich zahlreiche Entwicklungen, die ebenfalls in Veränderungen des deutschen Wortschatzes spürbar sind. Besonders deutlich lässt sich dies am Beispiel der weltlichen **Kultur des hohen Mittelalters** zeigen. Viele Wörter des Mittelhochdeutschen sind heute ohne den entsprechenden kulturgeschichtlichen Hintergrund nicht mehr verständlich: Dies gilt beispielsweise für das Wort *minne*, das ursprünglich wohl ‹Erinnerung›, im Mittelhochdeutschen dann ‹Verehrung des Ritters zur höfischen Dame› bedeutet. Im 15. Jahrhundert verschwindet es dann zusammen mit dem Niedergang des Rittertums aus dem Wortschatz und wird erst im 18. und 19. Jahrhundert von romantisierenden Schriftstellern wiederbelebt. Eine solche Wiederbelebung hat übrigens eine ganze Reihe an Wörtern, die eng mit der Kultur der Ritter verbunden waren und im späten Mittelalter untergegangen sind, erfahren; zu den bekanntesten gehören hier sicher *Abenteuer* ‹aufregendes Erlebnis› oder *Degen* ‹Held›. Weitere Beispiele für mittelhochdeutsche Ausdrücke mit zeittypischen Bedeutungen, die in der Gegenwart kaum mehr richtig verstanden werden können, sind *reht* (als die an den Stand gebundenen und angeborenen Rechte und Pflichten jedes Menschen) oder *hôher muot* (Selbstbewusstsein und edle Gesinnung eines Mannes von Stande). Diese letzten Beispiele lassen bereits deutlich werden, dass viele Wörter aus mittelalterlicher Zeit zwar in der deutschen Gegenwartssprache erhalten geblieben sind, im Verlauf der Jahrhunderte aber eine mehr oder weniger deutliche Bedeutungsveränderung erfahren haben. Hierzu zählen beispielsweise *Arbeit* (aus *arebeit* ‹Anstrengung, Mühsal›), *mögen* (aus *mügen* ‹können, vermögen›) oder *schnell* (aus *snel* ‹kräftig, tapfer›).

Solche Veränderungen betreffen mitunter ganze **Felder von Wörtern**, deren Bedeutungen miteinander verwandt sind. So leiten sich etwa die neuhochdeutschen Wörter *Frau* ‹Ehefrau, Erwachsene› und *Fräulein* ‹junge Erwachsene› von den mittelhochdeutschen Bezeichnungen *vrouwe* ‹Herrin (Ehefrau von Stande)› und *vrouwelîn* ‹Jungfrau von Stande, Herrin› ab und haben dabei also eine Erweiterung und Neutralisierung ihrer Bedeutungen erfahren. Ihre heutigen Bedeutungen werden im Mittelalter von anderen Wörtern getragen, die ihrerseits auch eine Bedeutungs-veränderung zum Neuhochdeutschen durchmachen: So wurden seinerzeit eine Frau oder Ehefrau als *wîp* und ein Mädchen als *maget* bezeichnet. Heute zeigen diese Ausdrücke Bedeutungen, die gegenüber dem Mittelalter durch eine Verengung und Ver-schlechterung gekennzeichnet sind: *Weib* bezeichnet nunmehr eine einfache, alte Frau und *Magd* eine Dienerin.

In einigen didaktisch ambitionierten Darstellungen der neu-hochdeutschen Sprachgeschichte werden die verschiedenen kul-turgeschichtlichen Epochen seit der frühen Neuzeit gerne durch charakteristische Wörter ein- und abgegrenzt. Für die gut zwei-einhalb Jahrhunderte zwischen dem Ende des Dreißigjährigen Krieges mit dem Westfälischen Frieden und dem Ende des Kai-serreichs mit dem Ersten Weltkrieg sieht eine kleine **Kulturge-schichte in Schlüsselwörtern**, die entweder entlehnt, neu ge-schaffen oder zumindest sehr oft gebraucht werden, beispiels-weise folgendermaßen aus:

Periode/Diskurs	Schlüsselwörter (Auswahl)
Alamode-Zeit	*Kavalier, Pläsier, Pöbel*
Aufklärung	*Vernunft, Toleranz, Menschenliebe*
Pietismus	*Erleuchtung, Innigkeit, Gelassenheit*
Sturm und Drang	*Genie, Begeisterung, Wehmut*
Franz. Revolution	*Freiheit, Gleichheit, Brüderlichkeit*
Klassik	*edle Einfalt, stille Größe, erhaben*
Romantik	*Schicksal, geisterhaft, unbeschreiblich*
Junges Deutschland	*Junkertum, Pressefreiheit, großdeutsch*
Turnerbewegung	*Reck, Dauerlauf, turnen*
Wissenschaften	*Kreislauf, Triebfeder, Reaktion*
Industrialisierung	*Industrie, Maschine, Fabrikarbeiter*
Technik	*Dampfschiff, Waschmaschine*
Kaiserreich	*Reichstag, Gründer, Kulturkampf*

Der deutsche Wortschatz des 20. Jahrhunderts zeigt ebenfalls zahlreiche Entwicklungen, die kaum auf wenigen Seiten zusammengefasst werden können. Daher bietet sich auch hier eine Beschränkung auf eine Auswahl typischer Wörter an – hier aus dem Bereich des politisch-ideologischen Sprachgebrauchs: So ist der **Wortschatz des Nationalsozialismus** durch zahlreiche (teils euphemistische) Bezeichnungen geprägt, die noch heute für die entsetzliche Ideologie stehen, in der ein Hitler oder ein Goebbels über *Arier, Blut und Boden, entartete Kunst, Frontbegradigung* (für Rückzug), *Neuordnung* (für die Eroberung europäischer Gebiete), *Rasse, Volksgemeinschaft* und vieles andere gesprochen haben; berüchtigt sind hier insbesondere Ausdrücke aus dem Organisations- und Verwaltungsbereich, wie zum Beispiel *Ahnenpass, Arbeitslager, Blockwart, Dienstverpflichtung, Gleichschaltung, Kampfzeit, Machtergreifung* oder *Sicherstellung* (für die Beschlagnahmung jüdischer Vermögen). Auch und gerade Wörter wie *Endlösung* (der *Judenfrage*) und *Euthanasie*, neben denen keine alternativen Bezeichnungen geduldet werden, machen es weiten Teilen der Bevölkerung oft schwer, über politische und rassistische Menschenverfolgung und staatlich organisierten Massenmord an denen, die man einfach *abgeholt* oder *weggebracht* hatte, zu sprechen.

Dabei ist der Sprachgebrauch der Nationalsozialisten zwar neuartig, aber keineswegs neu, im Gegenteil: Das Verfahren, auf bekannte Wörter zurückzugreifen, diese im Sinne der eigenen politischen Ideologie umzudeuten und damit den Sprachgebrauch verschiedener gesellschaftlicher Gruppen für sich zu vereinnahmen und auf sich zu vereinigen, ist in den 20er und 30er Jahren aus der Sicht nationalsozialistischer Propaganda ausgesprochen erfolgreich. So stammen etwa aus dem politischen Wortschatz des 19. Jahrhunderts Ausdrücke wie *Ahn, arisch* oder *deutsch*, aus dem religiösen Bereich zum Beispiel *blind, Erbsünde* oder *ewig*, aus dem militärischen beispielsweise *Alte Garde, Dienst* oder *Einsatz*, aus dem technischen *ausschalten, Achse* oder *evakuieren*, aus dem biologischen *Lebensraum (im Osten), Parasit* oder *zersetzend*. Doch nicht allein solche sonder- und fachsprachlichen Ausdrücke, sondern auch Alltagswörter wie *Arbeit*, *Charakter* oder *Ehre* werden im Sinne des Nationalsozialismus umgedeutet und somit für einen anderen Sprachgebrauch mehr oder weniger untauglich gemacht. Dabei entstehen bisweilen ganze Wortbildungsreihen, die diese Umdeutung leicht verdeutlichen; zu *Art* finden sich hier etwa: *Artbewusstsein, artecht, arteigen, artfremd, artlos, artvergessen, artverwandt, Aufartung, entarten* und andere. – Angesichts dieser Vereinnahmung allgemeiner und spezieller Ausdrücke scheint es nach dem Zweiten Weltkrieg kaum mehr möglich, das «**Wörterbuch des Unmenschen**» aus der «Lingua Tertii Imperii» weiter zu verwenden, was letztlich zu einem äußerst bewussten Sprachgebrauch in den deutschen Staaten der Nachkriegszeit führt.

Aber auch die **Sprache im geteilten Deutschland** ist nur allzu oft ein Instrument der Politik. Dabei geht es nicht allein um politische Beeinflussung bzw. Ideologisierung innerhalb der beiden deutschen Staaten selbst, sondern auch um deren Abgrenzung voneinander. Von der Deutschen Demokratischen Republik wird der eigene Sprachgebrauch zur staatlichen Überlebensfrage stilisiert: Ulbricht zieht in den 60er Jahren aus der These, in der DDR werde ein eigenes Deutsch gesprochen, den Schluss, dass die DDR als eigene Nation und somit als eigener Staat anzuerkennen sei – ein Argumentationsgang, dem von Seiten der Bundesrepublik Deutschland dadurch widersprochen wird, dass man aufgrund der gemeinsamen Sprache in Ost und West wohl kaum von zwei Nationen sprechen könne und Deutschland im Sinne einer zu überwindenden Teilung als ein einzelner Staat zu betrachten sei. Eine kleine Auswahl an Ausdrücken aus dem Osten und dem Westen zur Zeit der deutschen Teilung findet sich in folgender Tabelle, in der zwischen differenzierenden und polarisierenden Wörtern unterschieden wird:

	Osten (DDR)	Westen (BRD)
polarisierend (bei gleicher Bedeutung und verschiedener Bewertung)	*Westdeutschland*	*Bundesrepublik*
	Berlin, Hauptstadt der DDR	*Ost-Berlin*
	DDR-Regierung	*SED-Regime*
	Staatsgrenze West	*(Ulbricht)Mauer*
	sozialistische Staatengemeinschaft	*Ostblock*
differenzierend (bei unterschiedlicher Bedeutung und neutraler (?) Bewertung)	*Neues ökonomisches System*	*(soziale) Marktwirtschaft*
	Kaderleiter	*Personalleiter*
	Intervision	*Eurovision*
	Kosmonaut	*Astronaut*
	Kaufhalle	*Supermarkt*
	Plast(e)	*Plastik*
	Zielstellung	*Zielsetzung*

Gerade der **Sprachgebrauch der DDR** ist oft polarisierend, um die eigene politische Position gegenüber der Bundesrepublik zu stärken. So wird etwa der wirtschaftliche Erfolg im eigenen Land als *sozialistischer Gewinn* geadelt, während derjenige im Nachbarland etwa als *kapitalistischer Profit* diffamiert wird. Viele Ausdrücke des offiziellen Sprachgebrauchs der DDR dienen dazu, das eigene System zu idealisieren. Als Beispiele für solche Fahnenwörter können *Arbeiter- und Bauernstaat, Friedenskampf, nationale Volksarmee, Volkseigentum* und andere mehr gelten. Charakteristisch für den Sprachgebrauch der DDR ist im Weiteren die ständige Wiederholung zentraler Wörter, durch die so etwas wie eine öffentliche Sprach-Wirklichkeit erzeugt wird. Zu solchen Wörtern gehören etwa *friedliebend, Massen, sich qualifizieren* oder *sozialistisch* (Entsprechungen hierzu sind im Sprachgebrauch der Bundesrepublik selbstverständlich ebenfalls zu finden; vgl. etwa *Demokratisierung, dynamisch, freiheitlich, Markt* oder *sozial*). In der DDR werden auch manche Wörter und Phrasen im Sinne des *real existierenden Sozialismus* umgedeutet; so beispielsweise *Jugendfreund* zu ‹Mitglied der Freien Deutschen Jugend (FDJ)› oder *für den Frieden kämpfen* zu ‹für das sozialistische System kämpfen›. Das letzte Beispiel zeigt, dass auch im DDR-Sprachgebrauch systemkonforme Euphemismen ihren festen Platz haben; so stehen hier des Weiteren *Bedarfslücke* für ein fehlendes Angebot oder *Industrienebel* für Smog. Eine solche Redeweise provoziert in der Bevölkerung dann leicht die Erfindung systemkritischer bzw. parodistischer Euphemismen wie etwa *Rotlichtbestrahlung* für politische Beeinflussung oder *Jahresendflügelfigur* für Weihnachtsengel.

Mit der sog. *Wiedervereinigung* der beiden deutschen Staaten durch den Beitritt der *Neuen Bundesländer* ist die Entwicklung des politisch-sozialen Wortschatzes im Osten und Westen Deutschlands längst nicht zu Ende gegangen: Man beachte etwa folgende Beispiele aus dem **Wendewortschatz**: Aus der Anfangszeit stammen *Reisefreiheit* oder *vereintes Deutschland*; im weiteren Verlauf kommen später *Konsumrausch*, *Wendehals* und *gaucken* (nach der sog. *Gauck-Behörde*) hinzu. Dass die politische und soziale Gestaltung der Vereinigung Deutschlands für die Bevölkerung nicht immer leicht war und ist, spiegelt sich schließlich in Wörtern wie *Besserwessi* bzw. *Jammerossi*, *Bürger 2. Klasse* oder *Ostalgie* wider. Solange solche Ausdrücke noch auf breitere Akzeptanz stoßen, wird die politische Vereinigung Deutschlands in den Köpfen der Menschen nicht restlos vollzogen sein.

Die deutsche Sprache wird nicht allein als Sprache in der Bundesrepublik Deutschland, sondern auch in einigen Nachbarländern gesprochen. Dabei dient **Deutsch in Österreich und in der Schweiz** (neben anderen Sprachen) auch als Amtssprache und zeigt im alltäglichen wie im offiziellen Gebrauch einige Besonderheiten, die jeweils durchaus auch als Hinweise auf die nationale und staatliche Eigenständigkeit gewertet werden. So umfasst das österreichische Deutsch einige sog. Austriazismen, die entweder mundartlichen Ursprungs aus dem Bairischen sind oder auf politisch-institutionelle Besonderheiten zurückgehen: Zu nennen wären hier unter anderem *Obers* ‹Sahne›, *Jause* ‹Zwischenmahlzeit› oder *Gelse* ‹Stechmücke› einerseits sowie

Verlassenschaft ‹Nachlass›, *Präsenzdienst* ‹Wehrdienst› oder
Matura ‹Abitur› andererseits. Die eidgenössischen Helvetismen
gehen in Entsprechung hierzu entweder auf die alemannische
Mundart oder politisch-institutionelle Eigentümlichkeiten der
Schweiz zurück: *Jupe* ‹Rock›, *Salär* ‹Gehalt› oder *Velo* ‹Fahrrad›
bzw. *Fürsprech* ‹Rechtsanwalt, *Allmend* ‹Gemeindeland› oder
Proporz ‹Sitzverteilung›.

Angesichts all dieser Beispiele wird deutlich, dass sprachgeschichtliche Entwicklungen gerade im Bereich des Wortschatzes besonders deutlich zu erkennen sind und dabei auch
recht kurzfristige Veränderungen spürbar werden lassen. Der
Wortschatz der Gegenwart ist so auch durch eine ganze Reihe
an charakteristischen Wörtern geprägt. Dabei sind es vor
allem vier Bereiche, aus denen die Alltagssprache neue Wörter
gewinnt. Erstens aus den Wissenschaften: *System, Methode,
Antibiotikum* (oft in der Pluralform als Singular: *das Antibio-
tika*), *Kompetenz, Evaluation* usw. Zweitens aus der Technik
*Automatikgetriebe, Niedrigenergiehaus, Atomenergie, Satelli-
tenfernsehen, Mehrwegflasche, Neue Medien, E-Mail, W-Lan*
usw.; in übertragener Bedeutung auch *dazwischenfunken*
‹unterbrechen›, *Dachschaden* ‹geistiger Defekt›, *eine lange Lei-
tung haben* ‹schwer von Begriff sein›. Drittens aus Wirtschaft,
Kultur und Gesellschaft: *Betriebsklima, Dienstleistungsgesell-
schaft, Arbeitslosengeld II, Live-Übertragung, Casting-Show,
Szene-Sprache, Radikalenerlass* usw. Und viertens schließlich
aus dem Bereich des Sports: *starten, spurten, Freistoß, Halb-
zeit*; in übertragener Bedeutung: *Schrittmacher* ‹Wegbereiter›,
Sprungbrett ‹günstiger Ausgangspunkt›, *Tiefschlag* ‹gemeine,
zerstörerische Handlung›.

Viele dieser Wörter haben in ihrem fach- bzw. sondersprach-
lichen Zusammenhang eine genau umrissene Bedeutung, die sie
jedoch im allgemeinsprachlichen Bereich verlieren und somit als
mehr oder weniger **unbestimmte Worthülsen** erscheinen lassen
und dabei mehr dem sprachlichen Imponieren als dem sprachlichen Informieren dienen; vgl. zum Beispiel *Evaluation, Quali-
tät* oder *System*. Dieses Phänomen wurde in jüngerer Zeit wiederholt zum Gegenstand von Sprachkritik und Sprachparodie.

Ein Beispiel hierfür stellen sog. «Phrasen-Dreschmaschinen» unterschiedlicher Form und Herkunft dar: Denken Sie sich eine dreistellige Zahl und ermitteln Sie dann anhand der folgenden Tabelle die entsprechende Formulierungshülse:

0.	ambivalente	Koalitions-	-kontingenz
1.	emanzipatorische	Motivations-	-flexibilität
2.	konstruktive	Aktions-	-akzeleration
3.	permanente	Identifikations-	-problematik
4.	kreative	Kommunikations-	-tendenz
5.	integrierte	Interpretations-	-konzeption
6.	funktionale	Organisations-	-präferenz
7.	systematisierte	Fluktuations-	-struktur
8.	qualifizierte	Beziehungs-	-relevanz
9.	konzertierte	Innovations-	-phase

Die Frage, ob der Wortschatz des Deutschen angesichts all dieser Entwicklungen wirklich reicher geworden ist, lässt sich trotz der eingangs genannten Zahlen abschießend nicht eindeutig beantworten – auch wenn moderne Wörterbuchverlage gerne mit der wachsenden Anzahl an Einträgen in ihren Werken werben. Viele Ausdrücke und Bedeutungen, die einmal in die deutsche Sprache Eingang gefunden haben, sind hieraus nach einer mehr oder weniger langen Zeit auch wieder verschwunden – seien es nur kurzlebige Modewörter oder doch auch Schlüsselwörter größerer kultureller Epochen. Manche Wörter oder Begriffe aus längst vergangenen Zeiten sind heute nicht mehr überliefert. Andere, die wir heute kennen, haben eben doch nur in gesellschaftlichen Nebenbereichen Bedeutung erlangt, sodass sie zwar zur deutschen Standardsprache gezählt werden dürfen, nach wie vor aber nur einem eher begrenzten Personenkreis bekannt sind. Und so wird man unter dem Strich also eher von einer Verschiebung und weniger von einer Bereicherung oder gar Verarmung des deutschen Wortschatzes reden dürfen.

4.3 Multikultureller Wortschatz?

Ungeachtet des Problems einer Zu- oder Abnahme unseres Wortschatzes bewegt viele Zeitgenossen die Frage, ob nicht immer
mehr fremde Wörter in die deutsche Sprache eindringen und gegebenenfalls deren Bestand gefährden. Auch hier hilft ein Blick in
die Geschichte weiter. In der Sprachgeschichtsforschung werden
verschiedene Möglichkeiten eines solchen fremdsprachlichen
Einflusses, der **Entlehnung im Deutschen**, unterschieden (vgl. die
folgende Aufstellung): Je länger ein Wort aus einer anderen Sprache verwendet wird, desto stärker wird es lautlich und grammatisch an das Deutsche angepasst (vgl. das formal kaum angepasste
Fremdwort gegenüber dem formal angepassten Lehnwort). Übertragungen aus anderen Sprachen im Deutschen erfolgen wörtlich
mehr oder weniger genau (vgl. die wörtlich genaue Lehnüber-
setzung im Unterschied zu der freieren Lehnübertragung und zu
der formal unabhängigen Lehnschöpfung); oder sie ahmen eine
andere Sprache unter Rückgriff auf deren Ausdrücke nur nach,
ohne aus ihr selbst zu stammen (Fremdschöpfung); oft findet sich
auch der Gebrauch eines deutschsprachigen Ausdrucks unter
einer Bedeutung aus einer anderen Sprache (Lehnbedeutung).

Typ	Merkmal	Beispiele
Fremdwort	Ausdruck formal nicht angepasst	*Flirt* (engl.), *Palais* (franz.), *Sputnik* (russ.)
Lehnwort	Ausdruck formal angepasst	*Pfingsten* (griech. *pentecoste*), *Streik* (engl. *strike*)
Lehnübersetzung	Übertragung Glied für Glied	*Mitlaut* (lat. *Konsonant*), *Halbwelt* (franz. *demi-monde*)
Lehnübertragung	freie Übertragung	*Vaterland* (lat. *patria*), *Wolkenkratzer* (engl. *sky-scraper*)
Lehnschöpfung	Ausdruck formal unabhängig	*Umwelt* (franz. *milieu*), *Sinnbild* (*Symbol*)
Fremdschöpfung	Ausdruck nach fremder Form	*handy* (engl. *mobile phone*)
Lehnbedeutung	eigener Ausdruck mit fremder Bedeutung	*Heiland* (lat. *salvator*), *schneiden* (engl. *to cut* ‹jmdn. geflissentlich übersehen›)

Diejenige Sprache, die das Deutsche am längsten und dabei stark beeinflusst hat, ist mit Sicherheit das Latein. Dieser **lateinische Einfluss** geht bis auf die Spätantike zurück und lässt sich in vier große Entlehnungswellen unterteilen: die Römerzeit, die Periode der Christianisierung, das Zeitalter des Humanismus und die Zeit der Internationalisierung.

Zur Zeit der ersten Welle, der **Spätantike** (etwa von 50 v. Chr. bis 500 n. Chr.), also noch vor dem eigentlichen Beginn der deutschen Sprachgeschichte, übernehmen die Germanen Vieles von der römischen Zivilisation. Und mit den Sachen werden auch die entsprechenden Ausdrücke von der lateinischen in die germanische und damit später auch in die deutsche Sprache übernommen; sie sind heute Lehnwörter, da sie im Zuge der Zweiten Lautverschiebung lautlich und grammatisch an das Deutsche angepasst werden. Beispiele für diesen Lehnwortschatz stammen aus dem Kriegswesen: *Kampf* (*campus* ‹Feld›), *Pfeil* (*pilum*); aus der Verwaltung: *Zoll* (*tollonium*), *Kerker* (*carcer*); Baukunst: *Ziegel* (*tegula*), *Fenster* (*fenestra*); *Küche* (*coquina*): *Pfanne* (*panna*), *Kümmel* (*cuminum*); Handel und Verkehr: *Markt* (*mercatus*), *Pfund* (*pondo*), *Straße* (*via strata*); Gartenbau: *Frucht* (*fructus*), *Kirsche* (*ceresia*); Weinbau: *Wein* (*vinum*), *Kelch* (*calix*). Hinzu kommen römische Ortsnamen, die aus dieser Zeit stammen und noch heute in Gebrauch sind: *Köln* (*Colonia*), *Trier* (*Augusta Treverorum*) oder *Passau* (*Batava Castra*) sind nur einige der bekanntesten davon.

Die zweite Entlehnungswelle folgt zur Zeit der **Christianisierung** (etwa von 500 bis 800 n. Chr.), also etwa um den Beginn der deutschen Sprachgeschichte selbst. Ausdrücke, die in dieser Zeit entlehnt werden, machen im Unterschied zu denjenigen der ersten Welle die Zweite Lautverschiebung nicht mit und sind daher nicht als Lehn-, sondern als Fremdwörter anzusehen. Hierzu gehören insbesondere solche Wörter, die mit der christlichen Religion sowie der Kirchen- und Klosterkultur verbunden sind. Die folgenden Beispiele beziehen sich auf kirchliche Institutionen: *Papst* (*papa*), *Kloster* (*clostrum*), *predigen* (*praedicare*); klösterliche Schriftkultur: *Tinte* (*tincta aqua* ‹gefärbtes Wasser›), *schreiben* (*scribere*), *Pergament* (*pergamentum*); klös-

terliche Alltagskultur: *Teppich* (*tapetum*), *Drillich* (*trilix* ‹mit
dreifachem Faden gewebte Leinwand›), *Brezel* (*brachitum* ‹in
Form von verschlungenen Armen›); klösterliche Gartenkultur:
Petersilie (*petrosilium*), *Salbei* (*salvia*, zu *salvus* ‹gesund›), *Veil-
chen* (*viola*). Neben solchen Fremdwörtern finden sich auch
echte Neubildungen, die in althochdeutscher Zeit nach latei-
nischem Vorbild entstehen sind, so etwa: *Gewissen* (*conscien-
tia*), *Heiligtum* (*sanctuarium*), *Demut* (*dienen* und *Mut* für *hu-
militas*) oder *Barmherzigkeit* (*misericordia*).

Im Zeitalter des **Humanismus** (vom Ende des 15. bis ins
16. Jahrhundert) findet sich die dritte Entlehnungswelle aus dem
Lateinischen: Es ist nun kein spätantiker Einfluss, sondern vielmehr die Wiederentdeckung antiker Bildungsideale in der Renaissance, die lateinische Wörter in den deutschen Sprachgebrauch eindringen lässt: Ganz allgemein geht es dabei um die
Entwicklung zur *humanitas* durch die *Pädagogen* im Bereich
der *Philologie*. Doch auch die Entwicklung einzelner Wissenschaften und das Entstehen bürgerlicher Berufe führen zur Herausbildung zahlreicher einzelner Fachsprachen, deren Wörter
mehr und mehr Eingang in den allgemeinen Sprachgebrauch
finden: Zu denken ist hier etwa an Ausdrücke aus dem römischen Recht (seit 1495): *Advokat, Arrest, Testament*; aus der
Verwaltung: *kopieren, Magistrat, Registratur*; aus der Medizin:
Patient, Rezept; aus Mathematik und Geometrie: *Produkt, mul-
tiplizieren*; aus der Grammatik: *Konjugation, Konsonant*; aus
dem Schul- und Hochschulwesen: *Examen, Rektor, Dissertati-
on, Student, immatrikulieren, Professor, Kommilitone*; und
nicht zuletzt aus dem Druckwesen: *Fraktur, Makulatur, Kor-
rektur, Format*.

Die vierte lateinische Entlehnungswelle reicht bis in unsere
Tage. In Zeiten von **Internationalisierung** (seit dem 18. und
19. Jahrhundert) und **Globalisierung** (seit Mitte des 20. Jahrhunderts) werden zahlreiche neue Wörter ins Deutsche aufgenommen, die im Kern auf die lateinische und griechische Sprache zurückgehen, jedoch als Internationalismen neu gebildet
werden. Solche Ausdrücke finden sich etwa in Wissenschaft und
Technik: *elektrisch* (vom lateinischen Adjektiv zu griechisch

elektron ‹Bernstein›), *Kommunismus* (aus lateinisch *communis*
‹gemeinsam›; nach 1840 aus dem Französischen ins Deutsche);
Photographie (aus *phōtós* ‹Licht› und *gráphein* ‹schreiben›), *Te-
legramm* (aus griechisch *tele* ‹fern› und *grámma* ‹Geschrie-
benes›), *Automobil* (aus griechisch *autós* ‹selbst› und lateinisch
mobilis ‹beweglich›). – Im jüngeren Gegenwartsdeutschen sind
unter anderem folgende Internationalismen zu finden, die meist
über das Englische als internationale Fach- und Verkehrssprache in die deutsche Sprache gelangen: *Morphem* (aus griechisch
morphe ‹Gestalt›), *Aquaplaning* (aus lateinisch *aqua* ‹Wasser›
und englisch *to plane* ‹gleiten›), *optimal* (aus lateinisch *optimus*
‹der Beste›), *Infrastruktur* (aus lateinisch *infra* ‹unterhalb› und
structura ‹Schichtung›), *operationalisieren* (aus lateinisch *opera-
tio* ‹Arbeit, Verrichtung›).

Neben dem Lateinischen ist es insbesondere das Französische,
das bereits seit Längerem den deutschen Wortschatz wiederholt
beeinflusst hat. Dabei sind mit der höfischen Zeit des Mittelalters einerseits sowie mit der Periode des Dreißigjährigen
Kriegs und der Alamodezeit andererseits letztlich zwei große
Wellen der **Entlehnung aus dem Französischen** festzustellen.

Mit französisch-provenzalischen Lebensformen werden in
der sog. **höfischen Zeit** (von 1150 bis 1250) auch französische
Wörter in die deutsche Sprache des Hochmittelalters übernommen, wobei diese meist über das Mittelniederländische vermittelt werden. Zahlreiche Ausdrücke der Ritterkultur gehen aus
dieser Entwicklung hervor; so zum Beispiel: *Turnier* (zum Verb
tournier), *Abenteuer* (*aventure* ‹gefährliche Begegnung›), *Preis*
(*pris*), *Tanz* (*danse*) und *Samt* (*samit*). Es werden hierbei aber
nicht nur einzelne Wörter, sondern mit diesen auch diverse
grammatische Endungen entlehnt, die dann zusammen mit anderen, deutschsprachigen Ausdrücken verwendet werden. Zu
diesen Suffixen gehören unter anderem *-ieren* und *-îe* (*-ei*), die
letztlich auf entlehnte Wörter wie *turnieren* oder *parlieren* sowie *melodîe* oder *courtoisîe* zurückgehen und später dann auch
in deutschen Ausdrücken wie *buchstabieren* oder *hausieren* sowie *Fischerei* oder *Zauberei* erscheinen.

Im 17. Jahrhundert ist es dann zunächst der **Dreißigjährige**

Krieg, der zahlreiche (meist dem militärischen Bereich zuzu-
rechnende) Wörter aus dem Französischen ins Deutsche bringt;
so zum Beispiel *Bombe, Brigade* oder *Offizier*. In der sich hieran anschließenden **Alamodezeit**, in der fast ganz Europa *à la
mode* dem kulturellen Vorbild Frankreichs folgt, sind es dann
andere Bereiche, deren Wörter im Deutschen Eingang finden.
Hierzu gehören unter anderem auch Mode (*Kostüm, Parfüm,
Perücke, frisieren*; später *Monokel, Korselett*), Küche (*Bouillon,
Ragout, Serviette, delikat*), Wohnen (*Balkon, Salon, Gardine,
Sofa*) und gesellschaftliches Leben im Allgemeinen (*amüsieren,
Maskerade, Karussell, Promenade*). Wie stark die französische
Lebensart die Kultur in Deutschland seinerzeit bestimmt, zeigt
sich nicht zuletzt auch in der Übernahme von französischer An-
redeformen wie beispielsweise *Gnädige Frau* (nach *Madame*)
und *gnädiges Fräulein* (nach *Mademoiselle*) oder von Verwandt-
schaftsbezeichnungen wie *Papa, Mama, Onkel* (für *Oheim*)
Tante (für *Muhme*), *Cousin* (für *Vetter*) und *Cousine* (für
Base). – Im 19. Jahrhundert geht der französische Einfluss auf
das Deutsche spürbar zurück; dennoch bleibt das Französische
(nicht zuletzt auch durch die Ereignisse der **Französischen Revolution** und deren Folgen) in der Politik und Diplomatie noch
lange von Bedeutung. Zu denken ist hier an Schlagwörter wie
Revolutionär, Sozialist, Bourgeoisie oder *Reaktionär*.

Im Vergleich zu den Lehnentwicklungen aus dem Lateinischen
und dem Französischen ist der Einfluss, den der deutsche Wort-
schatz schließlich aus dem britischen oder amerikanischen Englisch erfährt, eine sprachgeschichtlich junge Erscheinung. Der
Einfluss des Englischen nimmt im 19. Jahrhundert langsam seinen Anfang und zeigt sich insbesondere in den Bereichen von
Mode und gesellschaftlichem Leben (vgl. zum Beispiel *Smoking,
Klub, toasten* oder *Roastbeef*), Politik und Handel (etwa *Streik,
Lokomotive* oder *Partner*) und Sport (so beispielsweise *Match,
Trainer, Hockey, Fußball* aus *football* oder *Strafstoß* aus *penal-
ty kick*).

Besonders stark ist der Einfluss des Englischen auf das Deutsche indessen in der **Zeit nach dem Zweiten Weltkrieg** geworden. Dies gilt zunächst einmal für Ausdrücke aus dem tech-

nischen und wissenschaftlichen Bereich wie insbesondere Datenverarbeitung (zum Beispiel *Computer, Software, Spam, Homepage, E-Mail*), Luft- und Raumfahrt (beispielsweise *Cockpit, Turbojet, Challenger*), Psychologie und Soziologie (so etwa *Sensitivity-Training, Item, Peergroup*) und viele andere mehr. Darüber hinaus wird aber auch das Alltagsleben der letzten Jahrzehnte stark durch anglo-amerikanische Einflüsse geprägt, die insbesondere durch Werbung, Massenmedien und nicht zuletzt auch durch den Englischunterricht an den Schulen immer mehr zunehmen; um hier nur ein paar Beispiele von vielen zu nennen: *Jeans, Hamburger, Babysitter, Service, Bestseller, Quiz, Leasing* oder *Business*.

Die deutsche Sprache der **Gegenwart** zeigt eine nicht unbeachtliche Tendenz, Wörter anglo-amerikanischer Herkunft im Hinblick auf Form oder Bedeutung zu verändern und zu assimilieren. Sie erhalten hierbei eine andere, meist erweiterte Bedeutung; so etwa *Job* als ‹(nicht nur vorübergehende) Arbeit› oder *Hit* als ‹(nicht nur besonders erfolgreicher) Pop-Song›. Einige deutsche Wörter werden neben ihrer ursprünglichen Bedeutung auch mit einer zusätzlichen, englischen Lehnbedeutung gebraucht; zum Beispiel *kontrollieren* mit der Bedeutung ‹beherrschen› (zuvor nur ‹überprüfen›) oder *schneiden* mit der Bedeutung ‹jemanden geflissentlich übersehen› (zuvor nur ‹mit einem scharfen Werkzeug trennen›). Des Öfteren werden englische Ausdrücke mit deutschen kombiniert: Auf diese Weise entstehen etwa Zusammensetzungen wie *Schmuckdesigner, Managergehalt, Live-Sendung* oder *Milch-Shake*, aber auch Ableitungen wie *surfen* oder *testbar*. In einigen Fällen kommt es zu mehr oder weniger freien Übertragungen von englischen Ausdrücken ins Deutsche; so zum Beispiel im Falle von *Übersee* (aus *oversea*), *Einkaufszentrum* (aus *shopping-center*) oder *Umweltschutz* (aus *environmental protection*). In einigen wenigen Fällen werden im Deutschen jedoch sogar englisch lautende Wörter neu gebildet, die es im Englischen selbst gar nicht gibt. Solche Fremdschöpfungen oder auch Pseudofremdwörter sind etwa *Handy* ‹Mobiltelefon› (vgl. *handy* ‹klein, handlich› und *mobilephone*) oder *Pullunder* ‹ärmelloser Pullover›.

All diese Erscheinungen belegen, wie präsent anglo-amerikanische Kultur und englische Sprache in unserer Gesellschaft geworden sind. Dies gilt indessen nicht allein für den deutschen Sprachraum: Das (amerikanische) Englisch ist im Zeitalter der **Internationalisierung und Globalisierung** immer mehr zu einer lingua franca, einer allgemeinen Verkehrs- und Geschäftssprache, geworden und gewinnt im Zuge dieser Entwicklung auch zunehmend Einfluss auf zahlreiche andere Sprachen dieser Erde. Dabei ist es kaum verwunderlich, dass sich gegen einen als überzogen empfundenen Einfluss und eine als unnötig angesehene Entstehung von Sprachmischungen (wie *Denglisch* oder *Franglais*) in der Bevölkerung Widerstand regt. Ob ein solcher Widerstand berechtigt ist, mag dahingestellt sein: Ein Zeichen für die sprachlichen Befindlichkeiten (wenn nicht gar Befürchtungen) einer Gesellschaft ist er allemal.

Die sprachgeschichtlichen Beobachtungen zum Einfluss des Lateinischen, des Französischen und des Englischen machen indessen zumindest eines deutlich: Die deutsche Sprache wird bereits seit über einem Jahrtausend wiederholt und beträchtlich von anderen Sprachen beeinflusst, indem vor allem fremde Wörter, aber auch grammatische Erscheinungen wie Flexionsendungen und dergleichen übernommen werden. Vor diesem Hintergrund mag das Deutsche vielleicht sogar als eine **multikulturelle Sprache** erscheinen – in jedem Falle aber als eine solche, deren Sprechergemeinschaft es immer wieder gelungen ist, die Einflüsse zahlreicher Kulturen und Sprachen nicht nur auszuhalten, sondern vielmehr aufzunehmen und weiterzuentwickeln: Dies kann und sollte Hoffnung machen.

Doch sind es nicht allein das Lateinische, das Französische und das Englische, die das Deutsche durch Entlehnungen nachhaltig beeinflusst bzw. bereichert haben. Solche Einflüsse sind aus zahlreichen anderen Sprachen ebenfalls zu beobachten und unterstützen die eben aufgestellte These. Einige Beispiele seien im Folgenden abschließend genannt.

So wird das Germanische neben dem Lateinischen auch vom Keltischen beeinflusst; **keltische Entlehnungen** sind beispielsweise Wörter wie *Eisen*, *Amt* oder *Reich* sowie einige Ortsna-

men wie *Mainz* (*Mogontiacum*), *Worms* (*Borbetomagus*) oder
Kempten (*Cambodunum*). Erste **griechische Wörter** im Deutschen gehen bereits auf die Spätantike zurück; mit der Christianisierung kehren einige Ausdrücke über das Lateinische in die
voralthochdeutsche Sprache ein. Hierzu gehören beispielsweise
Kirche (*kyriakón*), *Engel* (*ángelos*) oder *Bischof* (*epískopos*).
Aber auch später, zur Zeit des Humanismus, gehen noch zahlreiche griechische Ausdrücke (über das Lateinische vermittelt)
ins Deutsche über. Zu finden sind sie insbesondere in den Bereichen Recht und Verwaltung (zum Beispiel *Polizei* und *Archiv*),
Medizin (etwa *Chirurgie* und *Epidemie*), *Mathematik* und *Geometrie* (wie *Parallele* und *Zylinder*), *Grammatik* und *Orthographie* sowie Schul- und Hochschulwesen (beispielsweise *Gymna-
sium* und *Akademie*).

Zur Zeit des Humanismus sind es dann auch zwei **romanische
Sprachen**, aus denen das Deutsche neben dem Französischen
weitere Wörter entlehnt. Die Entlehnung aus dem Italienischen
ist dabei bereits seit dem 15. Jahrhundert aus dem Bereich der
Buchführung, die in Italien erfunden und entwickelt wird, zu
belegen (vgl. die Beispiele *Konto*, *Kredit* oder *Bilanz*). Im 16.
und 17. Jahrhundert kommen dann Wörter aus den Bereichen
der Musik (etwa *Allegro*, *Bass* oder *Violine*) und des Militärs
(vgl. *Alarm*, *Kanone* oder *Soldat*) hinzu. Aus dem militärischen
Bereich stammt auch spanisches Lehngut aus dem 16. und
17. Jahrhundert (so zum Beispiel *Armada*, *Infanterie* oder
Major); Bezeichnungen für Speisen wie *Tacos* oder *Nachos* aus
dem mexikanischen Spanisch stammen dagegen erst aus dem
20. Jahrhundert.

Neben den romanischen sind es auch **slawische Sprachen**, aus
denen das Deutsche Wörter entlehnt hat. So finden sich Lehnwörter aus dem Russischen vor allem im früheren Wortschatz
der DDR. Slawischen Ursprunges sind dabei jedoch nur wenige
(so zum Beispiel *Datsche* ‹Wochenendhaus› oder *Subbotnik*
‹freiwillige, unentgeldliche Arbeit›). Die meisten russischen
Lehnwörter sind ihrerseits lateinisch-griechischen Ursprungs
(so beispielsweise *Kombinat* ‹Großbetrieb, in dem verschiedene
Produktionsstufen und -zweige verbunden sind› oder *Diversant*

‹Gegner des Sozialismus, Volksfeind›). Oft finden sich auch Lehnübersetzungen, zum Beispiel *Volkswirtschaftsplan* (aus *narodnochozjájstvennyj plan*) oder *Held der Arbeit* (aus *gerój trudá*). – Viele der Ortsnamen im Osten Deutschlands sind im Übrigen slawischen Ursprungs (so etwa auch *Berlin*, *Leipzig* oder *Dresden*) und belegen so, dass in diesen Gebieten vormals viele Slawen gewohnt haben, die sich ihren Lebensraum im Zuge der sog. Ostsiedlung, deren Höhepunkt in der Zeit vom 12. bis 14. Jahrhundert liegt, mehr und mehr mit deutschen Bevölkerungsgruppen zu teilen hatten. Weitere slawische Wörter in der deutschen Alltagssprache sind zum Beispiel *Grenze*, *Quark*, *Säbel* oder *Zobel*.

In einigen sprachgeschichtlichen Abhandlungen zum Deutschen wird auf die Entwicklung des Jiddischen, einer aus dem Mittelhochdeutschen entstandenen Sondersprache der jüdischen Bevölkerung, die durch hebräische und slawische Bestandteile geprägt ist, näher eingegangen. Dies ist im Rahmen der vorliegenden kurzen Darstellung leider nicht möglich. Es sei jedoch darauf hingewiesen, dass in neuhochdeutscher Zeit einige **Einflüsse aus dem Jiddischen** zu beobachten sind. Um wenigstens ein paar Beispiele zu nennen: *meschugge* ‹verrückt›, *mies* ‹hässlich, schlecht›, *Schlamassel* ‹Missgeschick› oder *Tinnef* ‹Unsinn, wertloses Zeug›.

Weitere Einflüsse stammen aus dem sog. Rotwelschen (einer Gaunersprache; aus *rot* ‹Bettler› und *welsch* ‹unverständliche Sprache›); etwa *baldowern* ‹auskundschaften› oder *Bulle* ‹Polizist›.

Eng mit dem Deutschen verwandt sind die skandinavischen Sprachen und das Niederländische. Entlehnungen aus dem Skandinavischen entstammen meist jüngerer Zeit, so zum Beispiel *Knäckebrot*, *Ombudsmann*, *Schi*, *Slalom* oder (aus dem Schwedischen) *Sozialhilfe*. Demgegenüber sind **niederländische Lehnwörter** oft bereits älteren Datums: Einige Ausdrücke wie *Wappen* oder *Tölpel* (aus *dörper* ‹Dorfbewohner›, später ‹ungebildeter Mensch›) gehen auf das Mittelniederländische zurück und werden bereits in mittelhochdeutscher Zeit vom 11. bis zum 13. Jahrhundert aufgenommen, als die höfische Kultur aus dem französischen über den niederländischen Raum übernommen wird. Andere niederländische Lehnwörter stammen aus den Bereichen Seefahrt, Landgewinnung sowie Handel und stammen dabei meist aus dem 17. Jahrhundert, nachdem die Hanse ihre Vormachtstellung im Nord- und Ostseeraum verloren hat. Beispiele hierfür sind *Düne, Schleuse, Apfelsine, Stoff* und andere. Aus der wirtschaftlichen und gesellschaftlichen Blütezeit der Hanse selbst stammen wiederum zahlreiche niederdeutsche Wörter, die aus dem **Mittelniederdeutschen** ins Hochdeutsche Eingang gefunden haben; so etwa aus den Bereichen des Rechts (*echt, Gerücht*); des Handels (*Fracht, Laken, Stockfisch*) oder Seefahrt (*Hafen, Ebbe, Teer*). Das Ansehen des Mittelniederdeutschen sinkt bis zum 17. Jahrhundert indessen erheblich; und so setzt sich die Bezeichnung *Platt(deutsch)* (aus französisch und niederländisch *plat(t)* ‹gemeinverständlich›) immer mehr durch.

Neben all diesen Entlehnungen finden sich im Deutschen auch Wörter, die ursprünglich aus **weit entfernten Ländern und Sprachen** stammen: Hierzu zählen beispielsweise: *Dschungel, Ingwer, Nirwana, Pyjama, Pfeffer* oder *Reis* aus dem Indischen, *Algebra, Alkohol, Atlas, Harem, Kaffee, Safran, Scheich* oder *Ziffer* aus dem Arabischen sowie *Kokain, Kondor, Schokolade, Tomate* oder *Tabak* aus den amerikanischen Indianersprachen. Dabei handelt es sich in der Regel um natur- oder kulturspezifische Ausdrücke sowie um Bezeichnungen für Kolonialwaren bzw. -produkte, die oft mittelbar über andere europäische Sprachen wie Latein, Englisch oder Französisch in das Deutsche gelangt sind. In diesem Zusammenhang sei hier auch ausdrücklich auf den großen **Einfluss der arabischen Kultur** auf Deutschland und ganz Europa im Mittelalter hingewiesen. In der Gegenwartssprache finden sich noch einige weitere Ausdrücke, die der wachsenden Globalisierung (auch im kulinarischen Bereich) zu verdanken sind: *Judo, Manga, Sudoku, Sushi* oder *Tsunami* aus dem Japanischen, *Feng-shui, Kung-Fu* oder *Qi-Gong* aus dem Chinesischen sowie *Rooibos* aus dem Afrikaans.

Der wiederholte und deutliche Einfluss fremder Sprachen auf das Deutsche führt immer wieder zu gesellschaftlichen Strö-

mungen, die diesem entgegenzuwirken versuchen. Solch **sprachpuristische Tendenzen im Deutschen** finden sich in der Neuzeit
mehrfach: Sie beginnen mit den sog. Sprachgesellschaften im
Barock (allen voran der bereits 1617 gegründeten «Fruchtbringenden Gesellschaft»), die im 17. und 18. Jahrhundert versuchen, den Einfluss des Lateinischen und vor allem des Französischen zurückzudrängen (dabei werden auch recht absurde
Neuerungen vorgeschlagen: so etwa *Gesichtserker* für *Nase*
oder *Lusthöhle* für *Grotte*). Um die Wende vom 18. zum
19. Jahrhundert folgt dann der wachsende Patriotismus zur Zeit
der Befreiungskriege gegen Napoleon, aus dem heraus ebenfalls
zahlreiche Verdeutschungen vorgeschlagen werden (besonders
einflussreich erweist sich hier das Verdeutschungswörterbuch
von Campe). Fortgeführt wird der Purismus nach der Reichs-
gründung 1871 insbesondere vom Allgemeinen Deutschen
Sprachverein, der 1885 gegründet wird und sich insbesondere
der Sprachreinigung und -pflege verpflichtet fühlt. Der Sprachverein bleibt lange Zeit sehr einflussreich, bis sich ausgerechnet
Hitler in einem Führererlass von 1940 gegen eine «künstliche
Ersetzung längst ins Deutsche eingebürgerter Worte» ausspricht.
Eine weitere Welle sprachlichen Purismus' ist in der Gegenwart
zu beobachten: Die wachsende Zahl an Wörtern englischer
Sprache, die nicht nur in den deutschen Fachsprachen, sondern
auch in der deutscher Standardsprache Verwendung finden,
wird vielerorts als kulturell entfremdend, wenn nicht gar als be-
drohend empfunden und hat die Diskussion um die Pflege des
Deutschen erneut aufleben lassen. Ob die Furcht vor kultureller
Entfremdung berechtigt ist, mag früher wie heute bezweifelt
werden, nicht aber, dass sie zur jüngeren Geschichte der deutschen Sprechergemeinschaft gehört.

Fazit   *Wird der Wortschatz immer reicher?* – Die Zahl der bekannten Wörter und Begriffe hat sich vom frühen Mittelalter bis in die Gegenwart etwa verzehnfacht. Hierfür können
zahlreiche neue Wortbildungen, fremdsprachliche Entlehnungen sowie Zunahmen an einzelnen Bedeutungen verantwortlich
gemacht werden. Da diesen aber auch eine Vielzahl an unter-

gegangenen Wörtern und Begriffen gegenübersteht, ist nicht nur angesichts der schlechten Überlieferungslage vergangener Sprachperioden vielmehr von einer Verschiebung des Wortschatzes auszugehen. Diese Verschiebung spiegelt auch die Veränderungen in der deutschen Kultur- und Gesellschaftsgeschichte wider (man denke nur an den geistlichen und weltlichen Wortschatz im frühen und hohen Mittelalter oder an die politisch-ideologische Begrifflichkeit in der ersten und zweiten Hälfte des 20. Jahrhunderts). Obwohl seit Beginn der Sprachgeschichte wiederholt große Entlehnungswellen (insbesondere aus dem Lateinischen, Französischen und Englischen) zu beobachten sind, die das Deutsche mehr bereichert als gefährdet haben, kommt es seit der frühen Neuzeit immer wieder zu puristischen Tendenzen, die sich der Erhaltung und Pflege der deutschen Sprache verpflichtet fühlen. Am kulturellen Reichtum des deutschen Wortschatzes im Alltag, aber auch in Literatur, Philosophie und Religion sowie in Wissenschaft, Technik und Institutionen mag indessen kaum zu zweifeln sein.

5. Sprachliche Einheit oder Vielfalt?

5.1 Mundarten und Hochsprache

Eine übergreifende **Literatur- oder Standardsprache**, wie sie für den Sprachbenutzer gegenwärtig als mehr oder weniger selbstverständlich zu gelten hat, ist zu Beginn der deutschen Sprachgeschichte noch unbekannt: Es gibt hier keine sprachliche Varietät, die über einzelne Regionen hinaus Gültigkeit besitzt und in verschiedenartigen Zusammenhängen wie etwa Handel, Wissenschaft, Verwaltung oder Dichtung Verwendung findet. Auch so etwas wie eine Umgangssprache, die irgendwo zwischen der Ebene einzelner Dialekte und dem Standard anzusetzen ist, findet sich in dieser Zeit dementsprechend nicht.

Da breite Bevölkerungsschichten im frühen Mittelalter nur wenig gebildet sind, besteht das Althochdeutsche weitgehend als gesprochene und kaum als geschriebene Sprache: Anstatt dass sich eine gemeinsame deutsche Schriftsprache herausbildet, wird mit dem römischen Verwaltungsapparat auch das Latein als Verwaltungssprache übernommen. Das Deutsche ist dementsprechend noch in viele verschiedene regionale Mundarten aufgegliedert; eine allgemeine Hoch- bzw. Standardsprache wie heute ist also zunächst unbekannt – genauso wie ein entsprechendes Sprach- oder Nationalbewusstsein (dergleichen bildet sich im Ansatz erst mit dem Ende des 11. Jahrhunderts heraus). Dennoch werden bereits wichtige lateinische Texte wie das Vaterunser oder das Glaubensbekenntnis wiederholt in verschiedene deutsche Mundarten übertragen, um den christlichen Glauben in der Bevölkerung zu verbreiten und damit den Missionsauftrag von Reich und Kirche zu erfüllen. Nach und nach entwickeln sich aus den verschiedenen Volkssprachen unter dem Einfluss des Lateinischen überregionale klösterliche **Schreibsprachen im frühen Mittelalter**, die sowohl in geistlichen als auch in weltlichen Texten verwendet werden (so etwa bis zum 9. Jahrhundert im alemanischen, bairischen, ostfränkischen oder auch rheinfränkischen Raum).

In mittelhochdeutscher Zeit macht die Entwicklung eines überregionalen Sprachgebrauchs weitere Fortschritte. Dabei darf jedoch nicht übersehen werden, dass die deutsche Sprache auch im Hochmittelalter nach wie vor weitgehend durch mundartliche Verschiedenheiten geprägt ist und im Wesentlichen gesprochene Sprache darstellt (von der heute nur wenig über schriftliche Quellen überliefert ist). Neben der klassischen mittelhochdeutschen Dichtungssprache und der geistlichen Prosa der Mystiker, deren Predigten und Abhandlungen das Ziel verfolgen, religiöse Unmittelbarkeit und Gotteserfahrung sprachlich auszudrücken und zu vermitteln, ist hier insbesondere auch die mundartlich geprägte **Gebrauchsprosa des Hochmittelalters** zu nennen, die durchaus auch das langsam erwachende Sprach- und Nationalbewusstsein im deutschen Raum widerspiegelt. Das späte Mittelalter ist es dann auch, in dem im Rahmen der sog. Ostsiedlung neue Lebensbereiche erschlossen werden, wobei aus dem Sprachgebrauch der Ostsiedler neue Mundarten

entstehen, die heute als Ostnieder- und Ostmitteldeutsch zusammengefasst werden (zur Sprache der mittelhochdeutschen
Dichtung vgl. unten).

Seit der Mitte des 13. Jahrhunderts ist das deutsche Reich in
zahlreiche einzelne Territorien zerfallen, die sich im weiteren
Verlauf der Geschichte in eine Großzahl kleiner Fürstentümer
weiter teilen; in der gleichen Zeit nimmt die Selbständigkeit der
Städte zu. Diese politische und regionale Zersplitterung des
deutschen Raums bringt auch seine sprachliche Zersplitterung
mit sich: Die Mundartgrenzen der Gegenwart entsprechen somit im Großen und Ganzen den Grenzen derjenigen Territorien,
die im 13. Jahrhundert entstanden sind. – Und doch sind in der
frühen Neuzeit, die aus sprachgeschichtlicher Sicht oftmals als
Frühneuhochdeutsch bezeichnet wird, auch **Anfänge einer
sprachlichen Einigung** zu beobachten; hierzu tragen insbesondere die folgenden Faktoren bei (in zeitlicher Reihenfolge):

a) die Bemühungen der kaiserlichen und anderer Kanzleien seit
   dem 14. Jahrhundert um eine Vereinheitlichung von Dialekten angesichts überregionaler Wirtschaft und Verwaltung
   (hier ist insbesondere auf die Kanzleien in Wien und in Sachsen hinzuweisen);
b) die Verwendung von Papier seit dem 14. Jahrhundert und
   die Erfindung des Buchdrucks im 15. Jahrhundert (welche
   zur Entstehung eigener, teils wiederum überregionaler Druckersprachen führen, um eine entsprechend weite Verbreitung der Druckerzeugnisse zu sichern);
c) um die Wende vom 15. zum 16. Jahrhundert dann die Herausbildung von fünf großen Schreibsprachen aus den sog.
   Kanzlei- und Druckersprachen – hierzu zählen die mittelnie-
   derdeutsche, die Kölner und die ostmitteldeutsche Schreibsprache (das sog. Meißnische) sowie eine Schreibsprache im
   Südwesten und eine solche im Südosten (das sog. Gemeine
   Deutsch);
d) Luthers Bibelübersetzung und andere Schriften aus der ersten Hälfte des 16. Jahrhunderts, deren sprachliche Gestaltung rasch eine überregionale Vorbildfunktion einnimmt,

wobei sie weniger eine Neuschöpfung als vielmehr eine geniale Umsetzung und Weiterentwicklung der ostmitteldeutschen Mundart darstellt (neben der gesprochenen Volkssprache haben dabei die Verwaltungssprache der sächsischen Kanzlei, die Literatursprache der Mystiker sowie die Stilmittel der klassischen Rhetorik als sprachliche Grundlagen von Luthers Sprachschaffen zu gelten).

Nach dem Dreißigjährigen Krieg stehen die Chancen um eine weitere Vereinheitlichung der deutschen Literatursprache erst einmal schlecht – wird doch die Zersplitterung des Reiches durch den Westfälischen Frieden bestätigt bzw. gefestigt. Dennoch ist es gerade diese Situation, in der wiederholt die Einheit der Kultur und der Sprache in Deutschland angemahnt wird. Und so sind es im 17. und 18. Jahrhundert dann neben bekannten Gelehrten zahlreiche weitere Vertreter des Adels und des Bürgertums, die sich in sog. Sprachgesellschaften (wie bereits etwa seit 1617 der Fruchtbringenden Gesellschaft) zusammentun, um einen Beitrag zur Weiterentwicklung der deutschen Kultur und Sprache zu leisten. Die **Herausbildung einer gemeinsamen sprachlichen Norm** bleibt indessen ein langwieriger Prozess, der sich bis um die Wende vom 19. zum 20. Jahrhundert hinzieht, wobei die Entwicklung zu Beginn noch von einem Grundlagenstreit geprägt ist, ob die ostmittel- oder die westoberdeutsche Drucknorm als Vorbild einer einheitlichen Literatursprache zu gelten hat.

Nachdem sich schließlich das Ostmitteldeutsche im Verlauf des 18. Jahrhunderts durchsetzt, sind es aber noch zahlreiche weitere **Probleme auf verschiedenen sprachlichen Normierungsebenen,** die zu lange anhaltenden und teils heftig geführten Diskussionen führen; zu denken ist hier nur etwa an:

a) die Fremdwortfrage, an die sich sprachpuristische Strömungen anschließen (die sich um die Wende vom 17. und 18. Jahrhundert und dann zur Zeit der Befreiungskriege Anfang des 19. Jahrhunderts stark gegen das Französische richten),

b) die Etablierung eines überregionalen Bildungs- und Fach-
wortschatzes, mit dem auch so etwas wie der kulturelle Wert
der deutschen unter den anderen europäischen Nationen
verbunden wird;

c) das Problem einer einheitlichen Grammatik, die sprachwissenschaftlichen und sprachgeschichtlichen Erscheinungen
Rechnung trägt und dabei gleichzeitig regionale Besonderheiten weitgehend ausschließt;

d) die Festlegung einer allgemein verbindlichen Rechtschreibung, die bestimmten Rechtschreibprinzipien mehr oder
weniger konsequent folgt.

Mit der Einigung auf eine einheitliche Rechtschreibung und
Rechtlautung um die Wende vom 19. zum 20. Jahrhundert (man
denke an die Wörterbücher von Duden und Siebs) kann die
Herausbildung einer entsprechenden Norm im Deutschen als
abgeschlossen gelten – was jedoch nicht heißt, dass die Diskussion um die richtige Gestaltung dieser Norm bereits beendet ist:
Denn hinzu kommen hier zahlreiche Regelungs- und Normie-
rungsprobleme auf den Ebenen der Form- und Wortbildung sowie des Satzbaus, die vor dem Hintergrund der historischen
Ausrichtung der Grammatikforschung im 19. Jahrhundert und
deren deskriptiver Ansätze im 20. Jahrhundert bis heute aktuell
geblieben sind (zu denken ist hier an Probleme mit den Tempora, dem Konjunktiv und dem Passiv, der Wortstellung in Nebensätzen und viele andere mehr). Die in der Öffentlichkeit bis heute teils heftig geführte Diskussion um richtiges und gutes
Deutsch zeigt, dass Sprache nach wie vor ein wichtiges Thema
der Gesellschaft ist.

Doch wie verhält es sich seit der Herausbildung einer standardsprachlichen Norm im Deutschen mit den Mundarten und
der Umgangssprache? Es überrascht kaum, dass sich die deutschen Mundarten seit Etablierung einer solchen Norm auf dem
Rückzug befinden: Sie werden auf Grund der vielfältigen Ein-
setzbarkeit der Standardsprache nun bei weniger Gelegenheiten
und auf Grund der räumlichen Beweglichkeit der Bevölkerung
nun mit weniger dialektalen Besonderheiten gesprochen: Es ent-

stehen im 20. Jahrhundert durch Mischung und Vereinheitlichung einzelner Dialekte neue Stadtmundarten und Regionalsprachen, die einen größeren Gültigkeitsbereich besitzen als die einzelnen Ortsmundarten, aus denen sie hervorgegangen sind; dabei ist die Bereitschaft, sich der Mundart oder einer Regionalsprache zu bedienen, im Süden Deutschlands wesentlich stärker ausgeprägt als im Norden (was hier vermutlich mit einer verhältnismäßig großen Diskrepanz zwischen der niederdeutschen Mundart und der hochdeutschen Standardsprache zusammenhängt). Die **Ausbildung eines überregionalen Substandards**, bei dem nicht allein regionale, sondern auch funktionale und soziale Gegebenheiten eine Rolle spielen, muss jedoch noch nicht den Untergang einzelner Mundarten bedeuten: Dies zeigen wiederholte Versuche, den Gebrauch von einzelnen Mundarten zu stärken und so zu einer «Renaissance» des Dialekts beizutragen (sei es durch Theaterstücke oder Lieder auf Mundart oder durch Slogans wie «Wir können alles – außer Hochdeutsch» oder «Ick snack platt – Du ok?»): Der Mensch ist eben ein Gruppen und kein Massen bildendes Wesen (nach Aristoteles ein Zoon politikon) und nutzt dabei auch seine Sprache bzw. seinen Dialekt, um sich mit anderen Menschen zu identifizieren und sich gegenüber anderen abzugrenzen.

Im Weiteren ist gerade auch in jüngerer Zeit eine **Lockerung der hochsprachlichen Norm** auszumachen, bei der eine ganze Reihe von Aussprache- und Schreibweisen sowie Möglichkeiten der Form- und Wortbildung sowie des Satzbaus neben den bereits bestehenden zugelassen werden; hierzu zählen zum Beispiel:

a) die Vokalisierung des *r*-Lauts oder der Verzicht auf das unbetonte *e* (den sog. Schwa-Laut) im Silbenauslaut (also die Rede von *Tüa* neben *Tür* oder *habn* neben *haben*);
b) die assimilierte Schreibung von Fremdwörtern neben der ausgangssprachlichen (etwa *Kreme* neben *Creme* oder *Thermograf* neben *Thermograph*);
c) schwache Verbformen neben starken (also beispielsweise *er backte* oder *er schwörte* neben *er buk* bzw. *er schwor*);

d) der Gebrauch des Dativs statt des Genitivs bei *wegen* (also *wegen dem guten Wetter gehen wir ins Schwimmbad* statt *wegen des guten Wetters...*);

e) die Wortfolge eines Hauptsatzes nach Gebrauch der satzeinleitenden Konjunktion *weil* (also etwa *Wir gehen ins Schwimmbad, weil das Wetter ist gut* anstelle von *..., weil das Wetter gut ist*).

Diese erhöhte Toleranz wird vielerorts als Verfall der deutschen Sprache diskreditiert – eine Beurteilung, der man sich aus sprachwissenschaftlicher wie auch aus sprachdidaktischer Sicht nicht zwangsläufig anschließen muss, wenn man denn akzeptiert, dass Sprache als Mittel der Verständigung stets in Bewegung bleibt und Veränderungen ihrer Sprechergemeinschaft widerspiegelt.

Im Rahmen der Herausbildung einer sprachlichen Norm im Deutschen spielen Vorbilder des Sprachgebrauchs in Wissenschaft und Dichtung sowie die Einführung der allgemeinen Schulpflicht und die Pflege der Hochsprache als Bildungsideal (insbesondere im Bürgertum) eine wichtige Rolle. Darüber hinaus ist es aber auch die **Sprachbetrachtung von Wissenschaftlern und Gelehrten,** die diesen Prozess voranbringt. Und so sind es im 17. und 18. Jahrhundert vor allem Lehrbücher zur Dichtkunst (sog. Poetiken) sowie Grammatiken und Wörterbücher, die eine fundierte Etablierung einer deutschen Literatursprache leisten sollen; zu nennen sind hier unter anderem aus dem 17. Jahrhundert das «Buch von der Deutschen Poeterey» (1624) von Martin Opitz, der «Poetische Trichter» (1647) von Georg Philipp Harsdörffer oder die «Ausführliche Arbeit von der Teutschen HaubtSprache» (1663) von Justus Georg Schottelius; aus dem 18. Jahrhundert dann die «Grundlegung einer deutschen Sprachkunst» (1748) von Johann Christoph Gottsched oder das fünfbändige Wörterbuch (1774–81) und die «Sprachlehre für Schulen» (1781) von Johann Christoph Adelung. Im 19. Jahrhundert löst sich dann die wissenschaftliche Sprachbetrachtung von ihrem genuin sprachnormativen Anspruch und wendet sich mehr der Sprachgeschichte und dem Vergleich von

Sprachen zu (nicht zuletzt auch, um aus einer solchen historischen und vergleichenden Betrachtung heraus ein tieferes Verständnis der eigenen Zeit sowie eine Stärkung der nationalen Identität zu ermöglichen). Die wichtigsten Vertreter der sog. Historisch-Vergleichenden Sprachwissenschaft sind sicher die Brüder Grimm: Jacob Grimm mit seiner «Deutschen Grammatik» (1819–37) sowie Wilhelm und Jacob Grimm mit ihrem «Deutschen Wörterbuch» (ab 1854, in der ersten Auflage 1960 vollendet); als weitere Vertreter seien genannt: Karl Lachmann, Wilhelm Braune, Hermann Paul, Matthias Lexer oder Friedrich Kluge.

Die Historisch-Vergleichende Sprachwissenschaft bringt bei all ihren Erfolgen mit Beginn des 20. Jahrhunderts jedoch auch eine nicht unwesentliche Vernachlässigung der Erforschung und der Normierung der deutschen Gegenwartssprache mit sich – ein Versäumnis, das durch die **Germanistische Sprachwissenschaft** der Nachkriegszeit nur zum Teil ausgeglichen wird. Diese lehnt sich seit einem guten halben Jahrhundert an die im Wesentlichen deskriptiv orientierte internationale Linguistik an und bestimmt sie zum Teil auch mit. Dabei lässt sich an der Entwicklung der germanistischen auch diejenige der allgemeinen Sprachwissenschaft nachzeichnen: Denn beide schreiten in diesen Jahrzehnten von einer strukturalistischen Betrachtung von lautlichen, lexikalischen oder grammatischen Inventaren und Regeln über eine pragmatische Betrachtung der Produktion und Rezeption einzelner Texte und ihrer Kontexte zu einer kognitiven Betrachtung von sprachlichen Funktionen voran und rücken dabei neben der linguistischen Theorie immer stärker die sprachliche Empirie und hierbei die Analyse ganzer Korpora an Texten in den Vordergrund des Interesses. Die öffentliche Diskussion um eine Normierung der deutschen Standardsprache wird in diesem Zusammenhang jedoch unter dem Hinweis gemieden, dass die wissenschaftliche Betrachtung von Sprache lediglich darin bestehe, Sprache zu beschreiben, und nicht, ihren Benutzern irgendwelche Vorschriften zu machen – eine Haltung, die man aus einer wissenschaftstheoretischen Perspektive heraus durchaus teilen kann, jedoch angesichts der hohen Bedeutung von Sprache für unsere Gesellschaft nicht unbedingt teilen muss (wie etwa das Beispiel der Académie Française in Paris zeigt).

Im Ganzen lässt sich indessen feststellen, dass die deutsche **Standardsprache der Jahrtausendwende** im Hinblick auf Laut und Schrift sowie ihren Wortschatz und ihre Grammatik sprachwissenschaftlich gut erfasst und beschrieben ist. Dass beschreibende Werke wie Wörterbücher und Grammatiken oft auch einen vorschreibenden Charakter entfalten, ist, sprach- und kulturgeschichtlich betrachtet, eher die Regel als die Ausnahme. Gleichwohl kann die Entwicklung der Standardisierung bzw. Normierung der deutschen Sprache heute keineswegs als abgeschlossen gelten – im Gegenteil: Jüngere Tendenzen der deutschen Sprachgeschichte scheinen die erreichte Norm bereits wieder zu verschieben und aufzuweichen.

5.2 Sprache und Dichtung

Auch wenn man von mündlich vorgetragener Dichtung deutscher Sprache im frühen Mittelalter ausgehen darf, so ist hiervon heute kaum noch etwas in schriftlichen Aufzeichnungen erhalten geblieben. Überliefert sind demgegenüber vornehmlich lateinische Texte und deutsche Texte, die vom Lateinischen abhängig sind. Hierzu zählen Glossen (lateinische Texte mit Angaben deutscher Wörter) und Interlinearversionen (Wort-für-Wort-Übersetzungen), die im Lateinunterricht eingesetzt werden, sowie Übersetzungen lateinischer Texte (meist aus der Bibel), deren bedeutendster Verfasser, der St. Gallener Mönch Notker Labeo (um die Wende vom 10. zum 11. Jahrhundert), jedoch zunächst kaum Nacheiferer findet. Eine eigenständige deutsche **Dichtungssprache des Frühmittelalters** ist also kaum überliefert: Zu den wenigen wichtigen Quellen gehört hier sicher das Evangelienbuch Otfrieds von Weißenburg, eine Nachdichtung der Evangelien aus der zweiten Hälfte des 9. Jahrhunderts, die neben dem germanischen Stabreim bereits den aus dem Lateinischen bekannten und später die deutsche Dichtung beherrschenden Endreim zeigt. Darüber hinaus finden sich aus

dieser Zeit lediglich einige dichtungssprachliche Überreste aus
germanischer Tradition (wie das Hildebrandlied oder das Wes-
sobrunner Gebet).

Diese schlechte Überlieferungslage ändert sich dann mit
dem hohen Mittelalter: Von einer geistlichen Prosa abgesehen,
die im Wesentlichen aus überlieferten Predigttexten besteht,
verfolgt die Literatur hier keine religiösen oder didaktischen
Ziele. Sie wendet sich auch nicht mehr an ein geistliches Publikum, sondern dient nunmehr in erster Linie der Unterhaltung
des weltlichen Adels, der tatsächlich ein großes Interesse an
solchen Dichtungen zeigt. Dabei finden sich zwei verschiedene Traditionen von Epen (längeren erzählenden Gedichten):
Zum einen die des Volksepos (wie etwa das von einem unbe-
kannten Verfasser niedergeschriebene Nibelungenlied), das aus
mündlich überlieferten germanischen Sagen besteht; und zum
anderen die des Höfischen Epos, das vom Inhalt und von der
Gestaltung her französischen Bearbeitungen von keltischen
Heldensagen aus dem britannischen Raum folgt und dabei
vor allem das Rittertum und das Leben am Hof thematisiert.
Bekannte Vertreter dieser Höfischen Epik sind etwa Hartmann
von Aue mit dem «Erec» und dem «Iwein», Wolfram von
Eschenbach mit dem «Parzival» oder Gottfried von Straß-
burg mit dem «Tristan». Die **Dichtung des Hochmittelalters**
bringt neben dieser Epik mit dem sog. Minnesang, in dem meist
die äußere Schönheit und die innere Tugend adliger Frauen be-
sungen werden, und der Spruchdichtung, deren Inhalte in
der Regel politischer Natur sind, auch eine berühmte Lyrik in
deutscher Sprache hervor: Neben Neithard von Reuental hat
hier vielleicht Walther von der Vogelweide als der bekannteste
Vertreter zu gelten, gelingt es ihm doch, eine ganz persönliche
und facettenreiche Dichtungssprache zu schaffen. – Die mittelhochdeutsche Dichtersprache ist stark oberdeutsch geprägt und
weist dabei erste überregionale Züge auf, da sie als gesprochene
Sprache meist an mehreren Höfen vorgetragen und verstanden werden sollte. Von einer einheitlichen deutschen Schriftsprache kann dabei jedoch noch nicht die Rede sein, auch wenn
im 19. Jahrhundert hieraus eine vereinheitlichte Sprache (das

«normalisierte» Mittelhochdeutsche nach Karl Lachmann) konstruiert wird.

Mit dem Niedergang des Rittertums verlieren auch die mittelhochdeutsche Epik und der Minnesang an Bedeutung. An deren Stelle treten im 15. und 16. Jahrhundert (also zur Zeit der Renaissance) die Schelmenliteratur (etwa «Das Narrenschiff» von Sebastian Brant oder «Till Eulenspiegel» von Hermann Bote), das weltlich oder religiös belehrende Humanisten- bzw. Jesuitendrama, Schwänke und Fastnachtsspiele (etwa die eines Hans Sachs) sowie der Meistersang, der sich aus dem Minnesang heraus entwickelt. Auch hier kann nicht von einer überregionalen deutschen Literatur- bzw. Dichtungssprache gesprochen werden; und eine Vorbildfunktion im Rahmen einer sprachlichen Normierung nimmt die **Literatur der frühen Neuzeit** gleichfalls nicht ein. Dies gilt zunächst auch für die Literatur, die im 17. Jahrhundert um den Dreißigjährigen Krieg herum entsteht: Martin Opitz, Christian Hofmann von Hofmannswaldau, Friedrich Freiherr von Logau, Andreas Gryphius, Christoffel von Grimmelshausen und viele andere Autoren des Barock bedienen sich in ihren Gedichten, Romanen (etwa «Der Abentheuerliche Simplicissimus Teutsch» von Grimmelshausen) und Dramen (zum Beispiel Gryphius' «Catharina von Georgien» oder «Horribilicribrifax») einer ausgesprochen kunstreichen Sprache und arbeiten dabei oft mit Motiven und Stilmitteln, die letztlich noch aus der klassischen Antike stammen. Sie versuchen dabei, durch die formale Strenge ihrer Werke Ordnung in eine Welt zu bekommen, die von ihnen als unübersichtlich und vergänglich empfunden wird.

Es überrascht somit nicht, dass im Barock recht klare Vorstellungen darüber bestehen, wie Dichtung zu gestalten ist und was sie leisten sollte (vgl. zum Beispiel Opitz' «Buch von der deutschen Poeterey», 1624). Solche Ansprüche werden dann im **Zeitalter der Aufklärung** einmal mehr entwickelt und ausgesprochen. Die Aufklärung betont dabei die Selbstbestimmung und die Eigenverantwortlichkeit des menschlichen Individuums, mit Immanuel Kant gesprochen: den «Ausgang des Menschen aus seiner selbst verschuldeten Unmündigkeit» (1784). Und so

stellt sie die Dichtung nach Gotthold Ephraim Lessing auch folgerichtig in den Dienst der «Erziehung des Menschenge-
schlechts» (1780) zu Geschmack und Sittlichkeit, misst ihr also
eine wichtige didaktische Funktion bei. Aus diesem Grunde finden sich nun neue Dramenkonzeptionen, die neben adligen
auch bürgerliche Protagonisten zulassen und den dramatischen
Konflikt zum Lehrbeispiel erheben (so beispielsweise in «Na-
than der Weise» von Lessing und der darin enthaltenen «Ring-
parabel»). Beliebte literarische Gattungen der Aufklärung sind
darüber hinaus Fabeln, die ebenfalls eine didaktische Funktion
erfüllen, sowie Erziehungs- bzw. Bildungsromane (etwa «Anton
Reiser» von Karl Philipp Moritz oder «Geschichte des Fräuleins
von Sternheim» von Sophie La Roche). Sprache wird hierbei
nicht nur als ein «Spiegel des Verstandes» (Leibniz), sondern
auch als ein wichtiges Mittel menschlicher Erkenntnis verstanden. Dies schlägt sich in einem Sprachgebrauch nieder, der unter
anderem gekennzeichnet ist durch strenge rhythmische Anlage
im Versbau, begriffliche Klarheit und Deutlichkeit (durch Defi-
nitionen) und eine starke Hypotaxe (bei der ein komplexer Ge-
danke in einer differenzierten Aussage in einem einzelnen ver-
schachtelten Satz gefasst werden soll).

  Der Inhalt und die Sprache der fachlichen und dichterischen
Literatur der Aufklärung werden nicht allein aus heutiger Sicht,
sondern auch bereits aus der Sicht von Zeitgenossen als ausgesprochen sachlich und vernunftbetont, ja als «trocken» empfunden. Aus diesem Grund schließt sich in der zweiten Hälfte
des 18. Jahrhunderts mit dem **«Sturm und Drang»** (Klinger)
eine literarische Epoche an, die sich als Gegenbewegung zur
Aufklärung versteht und die (persönliche wie politische) Freiheit des Menschen sowie dessen individuelle Entfaltung in den
Vordergrund rückt. Wichtige Beispiele für diese Epoche sind
etwa die «Sesenheimer Lieder» von J. W. Goethe, die Dramen
von Friedrich Maximilian Klinger oder des jungen Friedrich
Schiller wie zum Beispiel «Die Räuber» (1781) oder «Kabale
und Liebe» (1784) sowie insbesondere der Briefroman «Die
Leiden des jungen Werthers» (1774), der Goethe einen großen
literarischen Erfolg beschert. Mit dem veränderten künstleri-

schen Anspruch ändert sich nun auch die sprachliche Gestaltung der literarischen Werke: Statt fester Rhythmen finden sich hier nunmehr zum Beispiel freie, ungebundene Rhythmen, die Wortwahl ist durch starke Expressivität (etwa einen Reichtum an Metaphern oder an Superlativen) gekennzeichnet, und der Satzbau zeigt anstelle strenger Hypotaxe oft Parataxe und zahlreiche Ellipsen. Doch wie schon derjenige zur Zeit der Aufklärung ist auch der literarische Sprachgebrauch des Sturm und Drangs zwar ein Vorbild für viele Schriftsteller, jedoch noch kaum eines für die Allgemeinheit.

Dies ändert sich erst mit der **Sprache der Weimarer Klassik.** Die Auswüchse der Französischen Revolution, die als solche noch von den Vertretern des Sturm und Drangs begrüßt wurde, lassen um die Wende vom 18. zum 19. Jahrhundert den Wunsch nach einer friedlichen und gemeinsamen Umgestaltung der Gesellschaft und das Bild einer vollkommenen und humanen Gemeinschaft aufkommen. Im Rahmen dieses ästhetischen Idealismus wird der Dichtung wiederum eine didaktische und pädagogische Funktion zugeschrieben: Durch eine «ästhetische Erziehung» (Schiller), bei der er dem Wahren, Schönen und Guten begegnet, soll sich der Mensch zu einer ausgewogenen Persönlichkeit entwickeln. Vor diesem Hintergrund ist auch der Gebrauch der Sprache in den Werken Schillers und Goethes zu dieser Zeit nicht durch den Rationalismus der Aufklärung oder durch die Emotionalität des Sturm und Drangs geprägt; er zeigt vielmehr das Bemühen um eine Einheit von Form und Inhalt, die durch Ordnung und Maß sowie Proportionalität und Symmetrie geprägt ist. Als bedeutende Werke sind hier insbesondere Dramen zu nennen: «Iphigenie auf Tauris» (1787), «Egmont» (1788) und vor allem der «Faust» in seinen beiden Teilen (1808/1832) von Goethe oder «Wallenstein» (1799), «Maria Stuart» (1800) oder «Wilhelm Tell» (1804) von Schiller. Als weitere Vertreter, die dem Umfeld der Klassik zuzurechnen sind, seien hier etwa Friedrich Hölderlin, Heinrich von Kleist oder Jean Paul genannt, die eine eigenständige Dichtung entwickeln, welche zum Teil erst im 20. Jahrhundert eine hinreichende Würdigung erfährt. Die Sprache der Klassik entwickelt sich nicht allein in der Dichtung (sog. Epigonenliteratur), sondern auch in anderen Bereichen des literarischen Schaffens sowie im Sprachgebrauch an Schulen und Hochschulen zum Vorbild, indem man ihm (insbesondere im gebildeten Bürgertum) als Ideal nacheifert und ihn zur sprachlichen Norm erhebt: Man empfindet sich nunmehr in Deutschland als kulturelle und sprachliche Einheit – ein Umstand, der für die verschiedenen nationalen Bewegungen des 19. Jahrhunderts von großer Bedeutung ist.

Doch finden sich insbesondere auch in der Dichtungsliteratur des 19. Jahrhunderts Tendenzen, sich bewusst von der Sprache der Klassik zu distanzieren und neue sprachliche Ausdrucksmöglichkeiten zu entwickeln. Hierzu zählt (und das noch zu Lebzeiten Goethes) die **Romantik** (auf den Vormärz soll hier nicht näher eingegangen werden), die durch den Einsatz eines stark ausgeprägten ,Rhythmus' und Merkmale gesprochener Sprache, den Gebrauch mundartlicher und vormals veralteter Ausdrücke sowie zahlreicher Metaphern nicht nur eine Distanzierung von der zeitgenössischen Dichtungs-, sondern auch von der rationalistischen Wissenschaftssprache ihrer Zeit versucht. Die Schriftsteller der Romantik (wie zum Beispiel Clemens von Brentano, Achim von Arnim, Novalis, Ludwig Tieck, E. T. A. Hoffmann, Joseph von Eichendorff und andere) sind im Rahmen ihres sog. universalpoetischen Ansatzes (Friedrich Schlegel) davon überzeugt, dass sich Sprache und Denken wechselseitig durchdringen: Mit dem Gebrauch von Sprache entstehe auch eine eigene, neue Wirklichkeit und sei nicht allein eine Verdeutlichung, wenn nicht Verbesserung der bestehenden Wirklichkeit verbunden.

In der zweiten Hälfte des 19. Jahrhunderts sind es dann vor allem **Realismus und Naturalismus**, die neue literarische und sprachliche Akzente setzen und sich damit sowohl von der Klassik als auch von der Romantik abzugrenzen versuchen. Dabei streben die Autoren des Realismus (wie etwa Theodor Fontane, Gustav Freytag, Theodor Storm, Gottfried Keller oder Friedrich Hebbel) an, die (bestehende) Wirklichkeit durch besonders typische Beispiele zu verdeutlichen und gegebenenfalls auch zu kritisieren. Dabei bedienen sie sich meist eines neutralen Stils

mit einfachem Satzbau und einfacher Wortwahl (wobei mundartliche Besonderheiten nicht gemieden werden); auf rhetorische
Figuren wird weitgehend verzichtet, während Dialoge verfeinert
dargestellt werden. Die Vertreter des Naturalismus (wie Arno
Holz oder Gerhart Hauptmann) gehen hier sogar noch einen
Schritt weiter. Um die Wirklichkeit nicht als Modell, sondern
möglichst unverfälscht wiederzugeben und dabei möglichst tref-
fende Beispiele der gesellschaftlichen (Miss-)Verhältnisse zu geben, entwickeln sie den sog. Sekundenstil (Adalbert von Han-
stein, 1900): umfangreiche, im Stil neutrale Schilderungen und
Regieanweisungen und eine differenzierte Wiedergabe von
Mundarten, Fach- und Gruppensprachen sowie der sprachlichen und nicht sprachlichen Kommunikation.

Mit der **Wende vom 19. zum 20. Jahrhundert** erfährt der Um-
gang mit Sprache in der dichterischen Literatur eine erhebliche
Veränderung: So wenden sich der Symbolismus (um Stefan
George) durch das Spiel mit Laut und Schrift, eine hohe Assoziativität des Wortgebrauchs und eine deutliche Rhythmisierung
des Satzbaus sowie die Dekadenzliteratur (Rainer Maria Rilke,
Hugo von Hofmannsthal, Thomas Mann und viele andere)
durch stilistische Verfeinerung und ironisches Zitieren sowie
eine stark psychologisierende Darstellung von Figuren vehe-
ment von der Sprache des Alltags und der des Realismus ab. Sie
versuchen jeweils eine eigene Kunstwelt zu erschaffen, aber
auch die Grenzen des Sprachgebrauchs angesichts der Darstellung menschlicher Wirklichkeit deutlich werden zu lassen. So
ist es vor allem die sog. Sprachkrise, die sich im Chandos-Brief
von Hofmannsthal (1902) äußert: Die zahlreichen Versuche, literarische Sprache zu verfeinern und dabei eine bestehende oder
erschaffene Wirklichkeit wiederzugeben, werden zunehmend
als unzureichend empfunden. Aus dieser Skepsis an der literarischen Sprache im Besonderen, aber auch an der Sprache im
Allgemeinen heraus resultiert eine scharfe Kritik: Sprache erscheint nicht mehr dazu geeignet, menschlichem Fühlen und
Denken überhaupt gerecht zu werden.

Als Folge der Sprachkrise entwickeln sich im 20. Jahrhundert
unter anderem auch literarische Strömungen, welche die sprach-

liche Kommunikation zu durchbrechen versuchen oder sie selbst thematisieren. Hierzu gehören in der ersten Jahrhunderthälfte **Expressionismus, episches Drama und Dadaismus:** Der Expressionismus (etwa bei August Stramm, Gottfried Benn oder Georg Trakl), der sich einerseits gegen den Sprachgebrauch des Naturalismus und andererseits gegen den des Symbolismus richtet, zeigt bei metrischer und rhythmischer Freiheit immer wieder Durchbrechungen grammatischer und stilistischer Normen, wobei eine Bevorzugung von Verben und Häufungen von anderen Wörtern zu beobachten sind. Die epische Literatur grenzt sich demgegenüber von der «bürgerlichen» Literatur und deren Sprache ab, wobei (insbesondere in den Dramen Bertolt Brechts) eine Durchbrechung der literarischen Kommunikationsebenen durch Textmontage und kommentierende Textteile sowie sog. Verfremdungseffekte auf sämtlichen sprachlichen Ebenen zu beobachten sind; all diese Darstellungsmittel haben die Aufgabe, das literarische Werk als solches bewusst zu halten und ein unreflektiertes Eintauchen in dessen Inhalt zu verhindern. Der Dadaismus (etwa bei Hugo Ball oder Kurt Schwitters) schließlich geht hier mit der sog. Collage-Technik, bei der sprachliche Einheiten sämtlicher Ebenen von Laut bzw. Schrift bis zum Text segmentiert und neu kombiniert werden, noch einen Schritt weiter. Das Ziel dieser vordergründig sinnlosen, jedoch nicht sinnfreien Werke ist es, gesellschaftliche Normen und sprachliche Kommunikation überhaupt ins Bewusstsein zu rücken und gleichzeitig zu hinterfragen.

Nachdem man zu Beginn der Nachkriegszeit noch diskutiert, ob mit der Sprache, der sich die Nationalsozialisten bedient haben, überhaupt noch literarische Werke zu schaffen seien, entsteht im deutschsprachigen Raum schon bald eine vielfältige Literatur, die sich kaum mehr in einzelne Strömungen untergliedern lässt. Es sei jedoch auf **konkrete Poesie, Dokumentartheater und Sprechstücke** als Beispiele für literarische Strömungen hingewiesen, in denen Sprache und Kommunikation wiederum eine besondere Rolle spielen. So werden in der konkreten Poesie wie im Dadaismus sprachliche Einheiten aufgebrochen und abstrakt (wie Elemente der Musik oder der Malerei) gebraucht, wobei Sprache sich selbst entfremdet und in einen anderen Verwendungszusammenhang gestellt wird (Eugen Gomringer, Ernst Jandl und andere). Das Dokumentartheater (etwa bei Peter Weiss) greift bestehende nichtliterarische Texte (etwa Prozessakten oder Briefe) auf und montiert aus diesen neue literarische Texte, wobei deren Aussage durch Selektion und Kombination der Ausgangstexte jeweils verdeutlicht werden soll. In den sog. Sprechstücken (Peter Handke) schließlich werden die verschiedenen Kommunikationsebenen des Theaters durch das Aufsagen von sprach- und theaterreflexiven oder sinnentleerten Sätzen aufgebrochen und damit die Kommunikation im Theater selbst ins Bewusstsein gerückt.

Die Spanne, die sich zwischen dem literarischen Sprachgebrauch der Weimarer Klassik und der konkreten Poesie erstreckt, lässt sich mit der Gegenüberstellung der beiden folgenden Gedichte abschließend kurz verdeutlichen:

Ein Gleiches

Über allen Gipfeln
ist Ruh,
In allen Wipfeln
Spürest du
Kaum einen Hauch;
Die Vögelein schweigen im Walde.
Warte nur, bald
Ruhest du auch.

(J. W. Goethe)

schweigen	schweigen	schweigen
schweigen	schweigen	schweigen
schweigen		schweigen
schweigen	schweigen	schweigen
schweigen	schweigen	schweigen

(E. Gomringer)

5.3 Fach- und Sondersprachen

Die Entstehung von Fachsprachen überhaupt (also des Sprachgebrauchs in Forschung und Lehre, Technik und Handwerk sowie Institutionen und Verwaltung) ist nicht überliefert: Ein
solch spezialisierter Sprachgebrauch findet sich überall dort, wo
menschliche Gemeinschaften Arbeitsteilung kennen und sich
über ihre verschiedenartigen Arbeitsbereiche verständigen. Und
so ist der **Beginn der deutschen Fachsprachen** auch mit dem Beginn der deutschen Sprachgeschichte selbst anzusetzen.

Der größte Teil mittelalterlicher Fachliteratur ist dabei sicher
den unteren Bereichen des mittelalterlichen Fächersystems zu-
zuordnen. Zu diesen **Artes magicae und Artes mechanicae** gehören Wahrsagungen und Beschwörungen (die sog. verbotenen
Künste) und andererseits verarbeitendes und technisches Handwerk, Reisen und Handel, Landwirtschaft und Gartenbau, Jagd
und Lebensmittelerzeugung, Heilkunde sowie Schauspiel (die
sog. dienenden Eigenkünste). Beispiele für diese Literatur bilden
sog. Traumbücher, Abhandlungen über das Färberhandwerk
oder die Baukunst; See-, Wetter- und Pelz- (will sagen: Pflanzen-
veredelungs)bücher; Anleitungen zur Rossheilkunde oder zur
Falkenjagd und -pflege; Darstellungen zur Kinder-, Frauen- und
Altenheilkunde sowie zur Behandlung von Krankheiten (wie
der Pest) oder von Wunden. Der Sprachgebrauch dieser Quellen
zeichnet sich unter anderem durch drei Besonderheiten aus:
Zum einen ist er in der Regel durch eine mundartliche Ausdrucksweise geprägt, zum anderen zeigt er aber auch sehr oft
Beeinflussungen aus dem lateinischen Fachwortschatz und weist
schließlich im Hinblick auf den Aufbau der Texte und die Ein-
bindung von Skizzen und anderen Abbildungen bereits früh
Merkmale von noch heute üblicher Fachkommunikation auf.

Die Verwendung der lateinischen Sprache stellt überdies ein
wesentliches Merkmal mittelalterlicher Fachliteratur in ganz
Europa dar. Dies gilt vor allem für den oberen Bereich des mittelalterlichen Fächersystems, die **Artes liberales und oberen Fakultäten.** Die Artes liberales (oder auch sieben freien Künste)
gliedern sich in Grammatik, Rhetorik und Dialektik einerseits

sowie in Arithmetik, Geometrie, Musik und Astronomie andererseits. Sie gelten als propädeutische Fächer der oberen Fakultäten Medizin, Jurisprudenz und Theologie. In diesen Disziplinen wird kaum Deutsch gesprochen, geschweige denn geschrieben: Hier stellt das Lateinische vom Mittelalter bis in die Neuzeit so etwas wie eine internationale europäische Gelehrtensprache dar, in der über die Grenzen der einzelnen Landessprachen hinweg kommuniziert wird. Es bildet so die Grundlage für einen vielfältigen geistigen Austausch, der die europäische Kultur bis in die Gegenwart hinein bestimmt. Was hier zunächst als beachtlicher Vorteil erscheint, bringt jedoch auch entscheidende Nachteile mit sich: Der Gebrauch des Lateinischen bedingt eine Exklusivität der geistigen und wissenschaftlichen Fachkommunikation, an der nur eine kleine Minderheit von Gelehrten an Klöstern und später an Universitäten teilhaben kann. Vor diesem Hintergrund überrascht es dann auch nicht, dass es recht bald bereits zur Entstehung eines Schrifttums kommt, das der Zusammenfassung und Vermittlung von Wissen unter Verwendung der deutschen Sprache dient (sog. Summen und Glossen); hinzu treten hier Übersetzungen (etwa die Notkers um die Jahrtausendwende), die ebenfalls einen Beitrag zur Herausbildung eines eigenen deutschen Wissenschaftswortschatzes leisten.

Die vorherrschende Stellung des Lateins gilt nicht allein für den geistigen und wissenschaftlichen Bereich. Auch in **Recht und Verwaltung** verhält es sich hier kaum anders: In der schriftlichen Kommunikation ist das Lateinische im frühen und hohen Mittelalter, von einigen wenigen Ausnahmen abgesehen, verbindlich (in der mündlichen Kommunikation kann dagegen das Deutsche durchaus als gebräuchlich gelten). Erst mit Beginn des 13. Jahrhunderts finden sich deutschsprachige Rechtstexte und Urkunden (etwa der Mainzer Landfrieden oder der «Sachsenspiegel»), die jedoch noch stark volkstümlich geprägt sind und recht uneinheitlich erscheinen. Eine Vereinheitlichung der deutschen Rechtssprache wird erst im 14. Jahrhundert angestrebt, nachdem Deutsch zur offiziellen Amts- und Urkundensprache erhoben worden ist und in den landesfürstlichen Kanzleien ein erhöhter Bedarf an der Abfassung rechtlicher Schriftstücke herrscht.

Der **Übergang vom späten Mittelalter zur frühen Neuzeit** ist für den deutschen Kultur- wie Sprachraum gleichermaßen von großer Bedeutung: Die Wiederentdeckung von Vorstellungen der Antike (Renaissance), ein Weltbild, das am einzelnen Menschen ansetzt (Humanismus), zahlreiche Entdeckungen (etwa die Amerikas) und Erfindungen (zum Beispiel die Papierherstellung und der Buchdruck), eine Ausweitung und ein Aufschwung der Wirtschaft (Hansegründungen, Bankwesen), das Aufblühen der Städte und das Aufkommen des Bürgertums, das sich gegen den Adel und das Bauerntum erfolgreich abzugrenzen versucht, bringen auch und gerade für die fachliche Kommunikation wesentliche Änderungen mit sich.

Mit Ausnahme des Handwerks, bei dem das Zunftwesen zunächst eine mündliche wie schriftliche Ausbreitung von Wissen zu verhindern sucht, erfahren weite Bereiche der früheren Artes mechanicae schon bald eine erhebliche Zunahme an empirischen wie theoretischen Grundlagen, die sich in einem umfangreichen Schrifttum niederschlägt. Zu denken ist hier zum Beispiel an eine ganze Reihe an Reiseberichten, Kosmographien sowie an Länder- und Naturbeschreibungen. Bis zum Ende der frühen Neuzeit entwickeln sich die beschreibenden Naturwissenschaften wie Chemie, Biologie oder Physik zu selbständigen Lehrfächern, die frühe Formen von **Fachsprachen angewandter Wissenschaften** im Deutschen hervorbringen. Mit dieser fachlichen Entwicklung in der Technik und in den angewandten Wissenschaften sind unter anderem auch zwei sprachliche Veränderungen verbunden: Zum einen zeigt sich nun eine zunehmende Tendenz zu einem überregionalen Ausgleich innerhalb der Fachsprache; und zum anderen liegen mit Ende der frühen Neuzeit zahlreiche bedeutendere Handschriften aus diesem Bereich in Druckfassungen vor. Aus diesem Grunde kann nunmehr nicht allein von einer sachlichen, sondern auch von einer sprachlichen Fachtradition im technisch-praxisorientierten Bereich ausgegangen werden.

Der theoretischen und empirischen Grundlegung von Technik und anwendungsorientierten Fachbereichen entspricht eine Zunahme praktischer Umsetzungen im Bereich der früheren Artes liberales und der oberen Fakultäten: Es gilt nunmehr, dem abstrakten und theoretischen Wissen eine Bedeutung für das menschliche Leben und dessen Belange im Hier und Jetzt abzugewinnen. Im Zuge dieser Entwicklung entsteht ein fachliches Schrifttum, in dem wissenschaftliche Erkenntnisse für handwerkliche und gewerbliche Berufe nutzbar gemacht werden. Hierzu gehören etwa Rechenbücher für Kaufleute oder geometrische Anleitungen für Baumeister. Diese Orientierung an der Praxis lässt in weiten Teilen Europas (etwa in Frankreich oder in Italien) trotz einer anfänglichen Relatinisierung, die dem Ideal der Renaissance verpflichtet ist, letztlich neben der lateinischen auch eine volkssprachliche bzw. deutsche Fachkommunikation entstehen. Es herrscht von nun an **fachliche Zweisprachigkeit im wissenschaftlichen Bereich**, wobei eine deutliche Unterscheidung nach Benutzergruppen festzustellen ist: Richten sich lateinische Texte vornehmlich an Fachwissenschaftler, zielen volkssprachliche Texte dagegen überwiegend auf ein breiteres Publikum.

Im Vergleich zum übrigen europäischen Raum erfolgt die Einführung einer volkssprachlichen **Wissenschaftssprache im deutschsprachigen Raum** erst spät: So bleiben beispielsweise Versuche, einen deutschsprachigen Wortschatz der Mathematik (durch Dürer oder Kepler) oder der Medizin (durch Paracelsus) im 16. und 17. Jahrhundert zu entwickeln und einzuführen, weitgehend erfolglos. Dies gelingt erst einige Jahrzehnte nach dem Dreißigjährigen Krieg, am Ende des 17. und insbesondere dann im 18. Jahrhundert (in der Mathematik etwa durch Wolff oder Lambert), als man auch in Deutschland versucht, auf nationaler wie kultureller Ebene Anschluss an das allgegenwärtige Vorbild Frankreichs zu finden. Etwas günstiger ist es dagegen um die Sprachschöpfungen Luthers bestellt, die bereits seit dem 16. Jahrhundert den religiösen und theologischen Wortschatz deutscher Sprache wesentlich mitbestimmen und dabei einen großen (wenn auch bisweilen wiederum überschätzten) Einfluss auf die Entwicklung einer übergreifenden deutschen Literatursprache haben. Neben den verschiedenen Fachwortschätzen deutscher Sprache sind es aber auch neue fachliche Textsorten, die sich im Laufe der frühen Neuzeit herausbilden: Hierzu sind insbesondere solche zu rechnen, die entweder der Vermittlung von Wissen dienen (zum Beispiel Lexika, Kommentare, Grammatiken oder Lehrbücher) oder die einen eher abwägenden Charakter zeigen und somit die Verbindlichkeit des Geschriebenen herabsetzen, ohne dabei jedoch auf argumentative Sorgfalt zu verzichten (wie beispielsweise Essays, Briefe oder Dialoge).

Seit Beginn des 16. Jahrhunderts ist die deutsche Rechtsgeschichte durch den Übergang vom germanischen zum römischen Recht (1518) geprägt. Dabei entstehen neue lateinische, später ins Deutsche übersetzte Gesetzestexte, die wiederum erklärende Fachschriften (für Kanzleien oder Notariate) erfordern. Dies hat letztlich eine weitgehend unsystematische **Erweiterung der deutschen Rechtssprache** durch Fremd- und Lehnwörter zur Folge, wobei deren Reform erst gegen Ende des 18. Jahrhunderts mit der Kodifikationsbewegung der Aufklärung erfolgt. Im Verwaltungsbereich nimmt die Loslösung vom Lateinischen ebenfalls ihren Lauf (wenn auch nicht eben rasch): Die wachsende Institutionalisierung und Bürokratisierung der städtischen Verwaltung bringt hierbei insbesondere deutschsprachige Schriftstücke in Form von Urkunden, Erlässen und Verordnungen hervor.

Die Entwicklung der deutschen Fachsprachen erfährt erst mit dem Ende des 17. Jahrhunderts (insbesondere im wissenschaftlichen, aber auch im technischen und institutionellen Bereich) ihren entscheidenden Fortschritt. Dabei ist die **Fachkommunikation der Neuzeit** durch verschiedene Faktoren geprägt: In geistesgeschichtlicher Hinsicht sind dies vor allem die Aufklärung mit ihrem Ideal eines in Denken und Handeln vernünftigen (d. h. eigenständigen und selbstverantwortlichen) Menschen, die Säkularisation, die zunehmend auch den Bereich von Schulen und Universitäten erreicht, oder die Romantik mit einer Reihe neuer Erkenntnisinteressen sowie ihrer durch Assoziativität geprägten wissenschaftlichen Methodik; weitere Strömungen wie der Positivismus oder die Postmoderne dürfen hier nicht unerwähnt bleiben. Nicht zu vergessen ist hier aber auch der Bereich der Schulen und Hochschulen selbst, der mit Einführung der allgemeinen Schulpflicht, der Etablierung eines mehrschichtigen Schulsystems sowie dem Ausbau des Hochschulbereichs eine deutliche Ausweitung erfährt. Hinzu kommt hier die Industrielle Revolution, die (durch praktische Umsetzung naturwissenschaftlicher Erkenntnisse) in einem gewaltigen technischen Fortschritt besteht, der seinerseits durch die Herausbildung neuer Produktionsformen erhebliche gesellschaftliche und nicht zuletzt auch sprachliche Veränderungen mit sich bringt; dies gilt nicht zuletzt auch für die sog. Zweite Industrielle Revolution des Computerzeitalters und der Neuen Medien, deren Folgen für die sprachliche Kommunikation in unserer Gesellschaft noch nicht abschließend zu beurteilen sind.

Die Weiterentwicklung der technischen Bereiche und der angewandten Wissenschaften findet also in der Neuzeit ihre Fortsetzung und bringt ein umfangreiches **Schrifttum im praxisorientierten Bereich** hervor. So gewinnen beispielsweise die handwerklichen und gewerblichen Berufe im Zuge des Merkantilismus bzw. der Kameralistik während des 18. Jahrhunderts ein weiteres Mal an Bedeutung und erfahren dabei zunehmende theoretische Begründung wie staatliche Einflussnahme. In Folge dessen liegen bereits seit dem Ende des 18. Jahrhunderts zahlreiche Werke volkswirtschaftlicher Herkunft, daneben aber auch eine ganze Reihe an Handwerks- und Industriebeschreibungen vor. Da sich im 19. Jahrhundert neben den bereits etablierten zahlreiche neue handwerkliche und technische Fachbereiche herausbilden und die Kommunikation unter diesen Bereichen zunimmt, entsteht nun eine Vielzahl neuer Fachsprachen – nicht allein innerhalb dieser Bereiche selbst, sondern auch auf den inner- und zwischenbetrieblichen Kommunikationswegen oder zwischen Handel und Gewerbe. Sowohl die Zunahme wissenschaftlicher und technischer Anwendungen als auch die Differenzierung und Interferenz wissenschaftlicher und technischer Berufe setzen sich im 20. Jahrhundert fort. So lassen sich fachliche und kommunikative Differenzierungen und Interferenzen beispielsweise zwischen Chemie und Physik einerseits sowie Land- und Forstwirtschaft andererseits oder zwischen der Medizin und der Elektrotechnik nachweisen. Diese und andere sind für eine weitere Expansion fachsprachlicher Kommunikation im deutschen Sprachraum verantwortlich.

Neben dem praxisorientierten ist auch der genuin wissenschaftliche Bereich in der Neuzeit von erheblichen Veränderungen betroffen. Zum einen zeigt er eine zunehmende Unabhängigkeit von Theologie und Kirche, wobei neben der Philosophie vor allem die naturkundlichen Fächer die Aufgabe einer allgemeinen Erklärung der Welt übernehmen. Im Rahmen dieser Entwicklung nimmt die Zahl der Fakultäten zu: Die Philosophie emanzipiert sich in einer eigenen Fakultät von der Theologie; die Naturwissenschaften (vormals den Artes liberales zuzurechnen) werden zunächst im Rahmen von Philosophie und Medizin betrieben und bilden im Verlaufe des 19. Jahrhunderts eine eigene Fakultät, was letztlich zu einer erheblichen Verselbständigung ihres Sprachgebrauchs beiträgt. Im weiteren Verlauf der Entwicklung an den Hochschulen bilden sich darüber hinaus die neueren Geistes- und Gesellschaftswissenschaften (wie zum Beispiel Psychologie, Soziologie, Sprachwissenschaft oder Pädagogik) heraus. Es überrascht daher kaum, dass mit diesen großen fachlichen Veränderungen auch ein erheblicher **Zuwachs an Wissenschaftssprachen** einzelner Fächer zu verzeichnen ist.

Mit der Zunahme an spezifischen Fachsprachen in einzelnen Fächern ist die wissenschaftliche Kommunikation der Neuzeit auch durch die Entstehung von volks- bzw. **nationalsprachlichen Wissenschaftssprachen** gekennzeichnet. Im deutschen Sprachraum wird diese Entstehung um die Wende vom 17. zum 18. Jahrhundert von Gelehrten wie Leibniz oder Wolff eingeleitet und nimmt dann einen rasch voranschreitenden Verlauf. Im Zuge der fortschreitenden Etablierung deutscher Wissenschaftssprachen geht die Bedeutung des Lateinischen zurück, wobei auch zahlreiche lateinische durch deutschsprachige Fachwörter ersetzt werden (so beispielsweise *Philosophie* durch *Vernunftlehre* oder *terminus artis* durch *Kunst-Wort*). Diese Ersetzung wird in den Texten dieser Zeit oftmals ausdrücklich ver-

mittelt, um die deutsche Fachsprache an die wissenschaftliche
Tradition der lateinischen anzubinden und sie dem Leser ein-
sichtig und verständlich zu machen. Hier ein Beispiel von Christian Thomasius, einem der frühesten und eifrigsten Verfechter
des Gebrauchs der deutschen Sprache in den Wissenschaften,
aus dem Jahr 1691: *Das alleroberste und gemeinste Kunst-Wort
ist Ens oder Aliqvid ein Ding / Wesen / oder Etwas / durch welches ich alles / was ausser dem Menschen oder in demselbigen /
und in seinen Gedancken gewesen ist / noch ist / und künfftig
seyn wird / verstehe.*

Die **Verdrängung des Lateinischen** als Wissenschaftssprache
durch das Deutsche umfasst das gesamte 18. Jahrhundert und
erreicht mit der Herausgabe großer Enzyklopädien in deutscher
Sprache nach dem Vorbild der französischen Enzyklopädie von
Diderot und d'Alembert bereits in der Mitte des 18. Jahrhunderts einen ersten Höhepunkt. Erscheinen um 1740 die meisten
wissenschaftlichen Schriften noch in lateinischer Sprache, so
liegt der Anteil deutschsprachiger Texte um 1770 bereits bei
zwei Drittel und um 1800 bei fünf Sechstel. In der ersten Hälfte
des 19. Jahrhunderts verliert das Lateinische weitgehend seine
Funktion als Wissenschaftssprache im deutschen Raum (selbst
in so konservativen Bereichen wie der Theologie oder der Mathematik). Dennoch bleibt es zusammen mit dem Griechischen
national wie international bedeutsam, indem sein Wortschatz
in umfangreichen wissenschaftlichen Bezeichnungssystemen
Eingang findet: Hierzu zählen die physikalische Terminolo-
gie Newtons aus dem 18. Jahrhundert oder die biologischen
und chemischen Nomenklaturen von Linné und Lavoisier
aus dem 19. Jahrhundert. Selbst im 20. Jahrhundert ist das Lateinische im Rahmen der internationalen Angleichung solcher
Terminologien und Nomenklaturen noch von erheblicher Bedeutung.

Hinsichtlich der neuzeitlichen **Sprache in Recht und Verwaltung** stellt die sog. Kodifikationsbewegung des 18. Jahrhunderts, die dem Gedanken einer allgemeinen Volksaufklärung
verpflichtet ist, einen wichtigen Höhepunkt dar: Sie setzt sich
die Aufgabe, die Rechtssprache durch den Gebrauch der Volks-

sprache und durch weit reichende Allgemeinverständlichkeit so zu reformieren, dass der gebildete und mündige Bürger in die Lage versetzt wird, sich unabhängig von Rechtsgelehrten in möglichst übersichtlich gestalteten Gesetzesbüchern selbst über seine Rechte zu informieren. Gegen den Widerstand zahlreicher Juristen, die an der lateinischen Fachsprache zunächst festzuhalten versuchen, wird dieses Ziel mit der Einführung des Preußischen Allgemeinen Landrechts (1794) erreicht. In ihrem weiteren Verlauf erfährt die deutsche Rechtssprache wie auch die Verwaltungssprache immer wieder Veränderungen und Erweiterungen. Am Deutschen wird hierbei aber weiterhin festgehalten, auch wenn die Verständlichkeit von Rechts- und Verwaltungstexten gegenwärtig meist kaum mehr dem Ideal der Volksaufklärung entsprechen mag.

Die deutschen Fachsprachen stellen gegenwärtig ein Kommunikationsmittel mit hoher Spezialisierung und Differenzierung dar. Daneben hat sich seit dem 19. Jahrhundert auch eine nicht unerhebliche populärwissenschaftliche Literatur etabliert, in der fachliches Wissen breiten Teilen der Bevölkerung zugänglich gemacht wird. Doch geraten die deutschen Fachsprachen seit dem Ende des Zweiten Weltkriegs zunehmend unter den Druck des Englischen, das sich seither (dem Lateinischen im Mittelalter vergleichbar) als internationale Universalsprache nicht zuletzt auch innerhalb der Fachkommunikation etabliert hat. Die **internationale Ausbreitung des Englischen** macht sich in der deutschen Fachkommunikation auf unterschiedliche Art und Weise bemerkbar: So erscheinen nun zum einen innerhalb deutschsprachiger Fachtexte häufig englischsprachige Fachwörter, ohne dass diese übersetzt werden (etwa *tourist information*, *business*, *computer* oder *compliance*). Und zum anderen gehen fachliche Veröffentlichungen in deutscher Sprache gegenüber solchen in englischer Sprache zurück, wobei jedoch zwischen verschiedenen Fachbereichen und Kommunikationsebenen unterschieden werden muss: So erfreuen sich die deutschen Fachsprachen in den Bereichen nationaler und eher anwendungsorientierter Kommunikation noch immer großer Beliebtheit (nicht zuletzt auch, um fremdsprachliche Kommunikationsbarrieren zu vermeiden), während sie auf internationaler und eher grundlagenbezogener Ebene mehr und mehr durch den Gebrauch des Englischen zurückgedrängt werden. Dies gilt insbesondere für naturwissenschaftliche Fächer wie Medizin oder Physik; die geisteswissenschaftlichen Fächer wie Philosophie oder Geschichte haben sich da etwas mehr von ihrer nationalen Vielsprachigkeit erhalten können.

Fazit *Sprachliche Einheit oder Vielfalt?* – Die Anfänge der deutschen Standardsprache der Gegenwart gehen nicht auf die mittelhochdeutsche Dichtersprache, sondern auf Kanzleisprachen der frühen Neuzeit zurück; ihre Entwicklung selbst ist durch zahlreiche Faktoren und einen lang andauernden Normierungsprozess auf verschiedenen Sprachebenen bestimmt. Die derzeit gültigen Regeln in Aussprache, Rechtschreibung und Grammatik sind im Wesentlichen ein Ergebnis normativer und deskriptiver Bemühungen des 19. und 20. Jahrhunderts und stehen unter dem Druck neuer Entwicklungstendenzen der Gegenwartssprache (die Zukunft der deutschen Dialekte scheint dabei gesichert, ist im Einzelnen indessen ungewiss). Die Sprache der Dichtung entfaltet insbesondere im 18. Jahrhundert sowie zur Zeit der Weimarer Klassik eine Vorbildfunktion für die allgemeine Literatur- und Standardsprache, während sie deren Gebrauch im weiteren Verlauf dann zunehmend in Frage stellt und bisweilen nach alternativen Ausdrucksmöglichkeiten sucht. Der fachsprachliche Bereich ist demgegenüber von Beginn an durch eine ständige Zunahme an einzelnen Varietäten gekennzeichnet; dies gilt insbesondere auch für die Zeit des Ausbaus nationaler Wissenschaftssprachen seit dem 17. Jahrhundert, in der das Lateinische in ganz Europa wie auch in Deutschland mehr und mehr (wenn auch nicht vollständig) verdrängt wird. Im Zuge der Globalisierung und der internationalen Bedeutung des Englischen ist die nationale und internationale Bedeutung der deutschen Fachsprachen indessen wieder rückläufig. Im Ganzen betrachtet, ist das Deutsche also im Verlauf seiner Geschichte ebenso von einer zunehmenden sprachlichen Einheit wie von einer wachsenden sprachlichen Vielfalt betroffen.

6. Eine Geschichte in Etappen

6.1 Sprachwandel und Zeitgrenzen

Die Geschichte der deutschen Sprache wird oft in mehrere zeitliche Abschnitte, sog. sprachgeschichtliche Perioden, eingeteilt. Dabei sind die **Ziele solcher Periodisierungsvorschläge**, die mitunter recht deutlich voneinander abweichen, vielfältig: Sie sind zum einen didaktisch motiviert, indem sie die lange Zeitspanne deutscher Sprachgeschichte in mehr oder weniger übersichtliche Epochen einteilen und somit die Fülle des Stoffes für Forschung und Lehre einigermaßen übersichtlich halten. Zum anderen sind sie linguistisch motiviert, sofern mit der Einteilung in zeitliche Epochen und Etappen auch die Vorstellung einer tatsächlichen (mehr oder weniger starken) Veränderung der Sprache verbunden ist. Und sie sind letztlich oft auch ideologisch motiviert, wenn mit der Einteilung in zeitliche Abschnitte nicht nur ein bestimmtes Erkenntnisinteresse, sondern auch ein politischer Darstellungs- oder Überzeugungswille einhergeht.

Die zwei **bekanntesten Periodisierungen**, die noch bis in die Gegenwart prägend sind, stammen aus dem 19. Jahrhundert: Die ältere der beiden wurde bereits in der ersten Hälfte des Jahrhunderts von Jacob Grimm entwickelt und umfasst drei Abschnitte: Das *Althochdeutsche* (600–1100), das *Mittelhochdeutsche* (1100–1450) und das *Neuhochdeutsche* (1450 bis heute). Auch die Bezeichnungen gehen auf Grimm zurück, wobei sich der erste Bezeichnungsteil auf die zeitliche Stufe (*Alt-*, *Mittel-* bzw. *Neu-*) und die weiteren Teile auf den Sprachraum beziehen (*-hochdeutsch* als das Gebiet, in dem die Zweite Lautverschiebung zu beobachten ist). Der jüngere Periodisierungsvorschlag stammt aus der zweiten Jahrhunderthälfte und wurde von Wilhelm Scherer unterbreitet: Er setzt bereits in der germanischen Sprachgeschichte an und gliedert daraufhin die Geschichte des Deutschen in vier Abschnitte von jeweils etwa dreihundert Jahren: *Althochdeutsche Zeit* (750–1050), *mittel-hochdeutsche Zeit* (1050–1350), *Uebergangs- oder frühneu-hochdeutsche Zeit* (1350–1650) und *neuhochdeutsche Zeit* (1650–…).

Im Folgenden wird (weniger aus linguistischen als vielmehr aus didaktischen Gründen) von der Vier-Gliederung nach Scherer ausgegangen. Um einige Tendenzen der Gegenwartssprache darstellen zu können, findet sich hier in Anlehnung an deren 300-Jahre-Rhythmus zum Schluss eine **Zäsur um 1950**, mit der das Ende der vierten (neuhochdeutschen) und der Beginn einer fünften (gegenwartsdeutschen) Periode angenommen wird. Die Darstellung der sprachlichen Gegebenheiten in den einzelnen Perioden orientiert sich dabei im Wesentlichen an den vorangehenden Kapiteln und versucht dabei, die Entwicklungen auf den unterschiedlichen Ebenen (Laut und Schrift, Grammatik, Wortschatz, Text und Varietäten) in Verbindung miteinander zu setzen. Dabei wird jeweils an den sozial-, kultur- und mediengeschichtlichen Bedingungen der einzelnen Abschnitte angesetzt.

6.2 Althochdeutsch

Der **zeitliche Rahmen des Althochdeutschen** ist aus historischer Sicht nicht unumstritten. Das 8. Jahrhundert, das im Rahmen einer solchen Vier- bzw. Fünfteilung meist als dessen Beginn angesetzt wird, entspricht der Zeit der Entstehung des fränkischen Reichs unter Karl dem Großen (771/800–814). Ein deutsches Sprach-, Kultur- oder gar Nationalbewusstsein ist hier noch nicht vorhanden und entsteht erst langsam mit der Bildung des ostfränkischen Reichs unter Ludwig dem Deutschen (843–876) und dessen Einigung unter Otto I. dem Großen (936–973). Herrschaftsgeschichtlich betrachtet entspricht das Althochdeutsche also im Wesentlichen der Regentschaft der Karolinger und der Ottonen. Das Ende dieser Zeit wird dieser Periodeneinteilung zufolge um die Mitte des 11. Jahrhunderts herum angesetzt. Aus historischer Sicht handelt es sich hier also um die Zeit der Kirchenreform unter Papst Leo IX. (1049–54) und des sog. Investiturstreits zwischen Kaiser Heinrich IV.

(1056–1105) und Papst Gregor VII. (1073–85), der seinen Höhepunkt um die Jahre 1076/77 erreicht.

Das gesellschaftliche Leben des frühen Mittelalters ist durch die Ständegesellschaft und das Lehnswesen geprägt: Der größte Teil der Bevölkerung gehört dem Bauernstand an und ist dabei mehr oder weniger stark von den Grund- bzw. Lehnsherren abhängig. Adel und Klerus bilden die beiden anderen Stände, die unter dem Kaiser als Oberhaupt gemeinsam die weltliche und geistliche Führung des Reiches innehaben; dabei überträgt der Kaiser der Kirche immer mehr Macht, sodass diese auch zu einem bedeutenden politischen Faktor im Reich wird. Und so sind es mindestens drei Faktoren, die (bei aller gebotenen Vorsicht) die **Kirche als Träger der Sprachentwicklung** im frühen Mittelalter erscheinen lassen: Zum einen bilden die Klöster (nicht zuletzt auch infolge der Kulturpolitik der Karolinger) so etwas wie die kulturellen Zentren ihrer Zeit, in denen die christliche und philosophische Literatur der Vorzeit bewahrt und gepflegt und neben dem Lateinischen auch eine religiöse Literatur mit einem entsprechenden Wortschatz (daneben auch einer Grammatik) in deutscher Sprache entwickelt wird. Zum anderen ist die Kirche auch an der Entwicklung überregionaler Schreibsprachen nicht unbeteiligt, da sie nicht zuletzt als sog. Reichskirche seit dem 10. Jahrhundert eine wesentliche Rolle bei der Verwaltung des deutschen Reiches übernimmt und dabei auf die wenigen deutschsprachigen Schriftstücke Einfluss nimmt, die neben den zahlreichen lateinischen entstehen. Zum Dritten schließlich sind es wiederum Vertreter des Klerus, die neben geistlicher Dichtung und Übersetzungen mit der Erstellung von Vocabularien und Glossen einen ersten wichtigen Beitrag zur Sprachbeschreibung im deutschsprachigen Raum leisten.

Der deutsche Sprachraum dieser Periode entspricht etwa den Grenzen des ostfränkischen Reiches, wobei die Ostgrenze noch verhältnismäßig weit im Westen liegt. Die sprachliche Situation ist durch ein Vorherrschen zahlreicher Stammessprachen (insbesondere der Rhein-Weser- und der bairisch-alemannischen Gruppe) bestimmt. Der hieraus entstehende **Dialektreichtum**

entspricht der Tatsache, dass das Deutsche im frühen Mittelalter weitgehend gesprochene Sprache ist und nur wenige
schriftliche Zeugnisse aus dieser Zeit vorliegen. Diese zeigen indessen erste Ansätze zur Vereinheitlichung und Standardisierung und lassen die Entstehung erster überregionaler Schrift-
sprachen (etwa im alemannischen, bairischen, ostfränkischen
oder rheinfränkischen Raum) erkennen. Die allgemeine Bil-
dungssprache, die etwa den Sprachgebrauch in Wissenschaft,
Religion oder Verwaltung zum größten Teil beherrscht und dabei auch das Deutsche beeinflusst, ist indessen das Latein, das
noch lange Zeit als überregionale und internationale Lingua
franca Verwendung finden wird.

Althochdeutsch Sprachsystematische Merkmale (Auswahl)	
Lautung	Zweite Lautverschiebung bei Konsonanten (von Süden nach Norden immer schwächer durchgeführt)
	Monophthongierungen und Diphthongierungen (Wechsel von doppelten zu einfachen Vokalen und umgekehrt)
	voller Vokalismus in den Nebensilben (dient der Form-bildung)
	Degrammatikalisierung (Entfall der grammatischen Funktion) bzw. Phonemisierung des Umlauts
Form- und Wort-bildung	Reichtum an synthetischen Wortformen (noch wenige grammatikalisierte analytische Umschreibungen)
	verhältnismäßig schwach ausgeprägte Wortbildung im Bereich der Komposition (bei ausgeprägter Derivation)
Satzbau	relative Freiheit der Wort- und Satzgliedfolge (freie Konstru-ierbarkeit von Sätzen)
Wortschatz	Erneuerung und Ausweitung (Christianisierung, Bildung von Abstrakta)
Interferenz	Entlehnungen aus dem Lateinischen (insbesondere im Wort-schatz, zum Teil auch im Satzbau)

Der große Reichtum an Mundarten geht im Althochdeutschen
(ungeachtet der Ansätze schriftsprachlicher Vereinheitlichung)
mit einer großen regionalen **Variabilität des sprachlichen**

Systems einher. Und doch lassen sich in Anlehnung an die gängige Forschungsliteratur zahlreiche Charakteristika dieser Periode auf den verschiedenen Ebenen der Sprachbetrachtung angeben (vgl. die Tabelle oben).

6.3 Mittelhochdeutsch

Die **zeitliche Einordnung der mittelhochdeutschen Periode** entspricht mehr oder weniger dem Hoch-, zum Teil bereits dem Spätmittelalter. Ihr Beginn ist im Rahmen der üblichen Gliederung mit dem Ende der althochdeutschen Periode um die Mitte des 11. Jahrhunderts anzusetzen. Die folgenden Jahrhunderte sind herrschaftsgeschichtlich durch die Regentschaft der Salier und der Hohenstaufer, etwa durch Friedrich I. Barbarossa (1152–90), geprägt: Es ist unter anderem die Zeit der Kreuzzüge (seit 1096), des Wormser Konkordats (1122), mit dem der Investiturstreit beendet wird, des Fehdewesens und der Landfrieden (etwa des Mainzer Landfriedens von 1235) sowie planmäßiger Gesetzgebung und Rechtsprechung (vgl. den in deutscher Sprache verfassten Sachsenspiegel, 1220–30) sowie des Thronstreits zwischen Otto IV. und Philipp von Schwaben (1198) sowie des Reichsfürstenstands, der als Gegengewicht zum Kaiser die Entstehung eines Einheitsstaates wie in England oder Frankreich verhindert. Das Ende dieser Periode, in der von einem deutschen Kultur- und Sprachbewusstsein, kaum aber von einem deutschen Nationalbewusstsein auszugehen ist, wird dabei um die Mitte des 14. Jahrhunderts angesetzt: Dies ist die Zeit, in der nach dem Interregnum (1254–1273) die spätmittelalterliche Herrschaft der Habsburger einsetzt, die deutsche Ostsiedelung und der Deutsche Orden ihren Höhepunkt bereits überschritten haben und die große Bevölkerungszunahme durch das Auftreten der Pest (1348) und anderer Naturkatastrophen ein jähes Ende findet. Angesichts solcher und anderer Gegebenheiten, die bei der zeitgeschichtlichen Grenzziehung des Mittelhochdeutschen zu berücksichtigen sind, verwundert es nicht, dass andere (auch frühere) Periodisierungsvorschläge dessen

Ende erst um 1500 ansetzen und dabei das gesamte Spätmittelalter einbeziehen.

Die Gesellschaft des hohen Mittelalters ist durch die Stände-
ordnung und das Feudalsystem geprägt und lässt den **Adel als
Träger der sprachlichen Entwicklung** erscheinen. Auch wenn
seit dem späten 11. Jahrhundert Städte zunehmend gegründet
und deren Bürger zunehmend selbständig werden, herrscht
noch immer die gesellschaftliche Vorstellung dreier gottgege-
bener und -gewollter Stände (Klerus, Adel und Bauern) vor.
Doch entsteht im Laufe der Zeit aus den nichtadligen Ministe-
rialen und Dienstmannen, die für Klerus und Adel zahlreiche
Aufgaben im Reich übernehmen, ein niederer Adelsstand, der
für die weitere gesellschaftliche Entwicklung von großer Bedeutung ist. Dies gilt insbesondere auch für die Ausbildung des
Ritterstands (also eines Berufskriegerstands), dem zunächst nur
niedrige, später auch höhere Adlige angehören: Es entsteht dabei nach dem Vorbild der ritterlich-höfischen Kultur, die sich
seit dem Beginn des 12. Jahrhunderts in Frankreich ausbil-
det, eine eigene Kultur mit besonderen Moralvorstellungen und
Verhaltensweisen, die nicht allein den Kampf, sondern darüber
hinaus auch das gesellschaftliche und kulturelle Leben bestimmen. Ein Teil dieses kulturellen Lebens, die Idealisierung hel-
denhaften Betragens oder die Verehrung von (gesellschaftlich
hoch stehenden) Frauen, schlägt sich dabei auch in der Dichtung des hohen Mittelalters nieder. Vor diesem Hintergrund ist
also nicht allein mehr der Klerus (vor allem die niedere Geist-
lichkeit), sondern auch und besonders der Adel als sprachprä-
gend anzusehen.

Mit der epischen und lyrischen Dichtung des Rittertums entsteht im hohen Mittelalter neben einer überregionalen Gemeinsprache in Wirtschaft und Verwaltung eine **mittelhochdeutsche
Literatursprache** auf oberdeutscher Dialektgrundlage. Diese
zeigt erste, behutsame Ansätze zu einer Standardisierung, auch
wenn das normalisierte Mittelhochdeutsch der Textausgaben
des 19. Jahrhunderts eine größere Einheitlichkeit suggeriert,
als die eigentlichen Quellen bekunden. Das Mittelhochdeutsche ist und bleibt neben den schriftlichen Textzeugnissen aus

Dichtung (und daneben auch angewandter Wissenschaft, Handwerk und Verwaltung) vor allem aber gesprochene Sprache, die durch einen großen Reichtum an Dialekten geprägt ist; die eigentliche Schriftsprache der Gebildeten ist in dieser Zeit noch immer das Lateinische. Die Zahl der deutschen Mundarten beginnt im Hochmittelalter indessen sogar zuzunehmen: Denn durch die Ostsiedlung wird nicht allein die Grenze des deutschen Sprachgebietes erheblich nach Osten verschoben, sondern es entsteht durch Mischung der Siedlerdialekte in dieser Zeit eine Reihe neuer (ostnieder- und ostmitteldeutscher) Mundarten, die zu den slawischen Sprachen der ursprünglich hier ansässigen Bevölkerung in Konkurrenz treten und diese zu verdrängen drohen.

Aufgrund der starken räumlichen und zeitlichen Unterschiede sind die Grenzen des Mittelhochdeutschen unter rein sprachlichen Gesichtspunkten nur schwer zu ziehen. Dennoch lassen sich unter systematischen Aspekten einige wichtige **Charakteristika des hochmittelalterlichen Deutschen** angeben (vgl. die folgende Tabelle). Einige dieser Merkmale bzw. Veränderungen gegenüber dem Althochdeutschen scheinen dabei durchaus in einem sachlichen Zusammenhang zu stehen: So kann der Rückgang von synthetischen Wortformen nicht allein mit der Zunahme an ersetzenden analytischen Umschreibungen in Verbindung gebracht werden, sondern darüber hinaus auch mit der Abschwächung von Vokalen in unbetonten Nebensilben und mit einer leichten Einschränkung der freien Konstruierbarkeit von Sätzen (insbesondere der Wort- und Satzgliedstellung): Die Nebensilbenschwächung schränkt die Unterscheidbarkeit einzelner Wortformen ein, was die Bildung von grammatischen Alternativen zu diesen Formen erforderlich macht, während die Wortfolge nun selbst im Sinne einer solchen Alternative zur Kennzeichnung grammatischer Kategorien (wie etwa Subjekt und Objekt) herangezogen wird. So offensichtlich solche Zusammenhänge erscheinen, so unklar ist allerdings auch, in welcher Abhängigkeit sie zueinander stehen, ob also lautliche Erscheinungen bzw. Veränderungen grammatische bedingen oder umgekehrt.

Mittelhochdeutsch Sprachsystematische Merkmale (Auswahl)	
Lautung	Abschwächung der Vokale in unbetonten Neben- silben
	Fortsetzung von grammatischen und phonologi- schen Umlautentwicklungen
	Verhärtung von weichen Konsonanten im Auslaut von Silben
Schreibung	Ansätze zu einer regional übergreifenden Ortho- graphie
Form- und Wortbildung	Abbau synthetischer Wortformen und Ausbau analytischer Umschreibungen von grammatischen Kategorien
	stärker ausgeprägte Wortbildung im Bereich der Komposition (bei abgeschwächter Derivation)
Satzbau	relativ große Freiheit der Wort- und Satzglied- folge (weitgehend freie Konstruierbarkeit von Sätzen)
Wortschatz	Bereicherung (durch ritterlich-höfische Kultur und Entlehnungen)
Interferenz	Beeinflussung durch romanische Sprachen (insbesondere das Französische)
	Rückgang von Einflüssen aus dem Lateinischen (das aber die beherrschende Schriftsprache bleibt)

6.4 Frühneuhochdeutsch

Der **Ansatz einer frühneuhochdeutschen Periode** ist aus sprachwissenschaftlicher Sicht nicht unumstritten: Während Periodisierungsvorschläge in der Nachfolge Grimms auf das Mittelhochdeutsche um die Wende vom 15. zum 16. Jahrhundert unmittelbar eine neuhochdeutsche Periode folgen lassen, setzen solche in der Nachfolge Scherers eine Übergangs- oder Zwischenperiode an, die von der Mitte des 14. bis zur Mitte des 17. Jahrhunderts reicht und damit das späte Mittelalter und die frühe Neuzeit zusammenfasst. Aus zeitgeschichtlicher Warte betrachtet, handelt es sich hierbei um einen ausgesprochen heterogenen Abschnitt, dessen spätmittelalterliche Phase geprägt ist durch die Einsetzung des Kaisers durch die Kurfürsten (Goldene Bulle, 1356), die Abhaltung von Reichstagen sowie das Entstehen von Landesherrschaft und Landständen (und damit verbunden einer weiteren Schwächung des Kaisers gegenüber den Fürsten); durch das Aufkommen freier Reichsstädte, die Gründung von Städtebünden (etwa der Hanse) sowie das Aufblühen des wirtschaftlichen und kulturellen Lebens (Zunft- und Gildewesen, Gründung von Universitäten); und nicht zuletzt auch durch die abendländische Kirchenspaltung (Schisma) und eine zunehmende Rechtsunsicherheit im Reich, die mit dem Konzil von Konstanz (1417) und der Reichsreform Ende des 14. Jahrhunderts vorläufig überwunden werden. Die frühneuzeitliche Phase des Frühneuhochdeutschen beginnt mit dem Zeitalter von Humanismus und Renaissance sowie dem politischen Weltreich der Habsburger (Karl V., 1519–58) und der wirtschaftlichen Macht einzelner Bürger (so etwa der Fugger); und es ist die Zeit der durch Martin Luther (1483–1546) eingeleiteten Reformation, die unter anderem zu den Bauernkriegen (1524/25), zum Augsburger Religionsfrieden (1555) und zur Gegenreformation (etwa dem Trienter Konzil von 1545–63) führt. Das Ende der frühneuhochdeutschen Periode wird durch den Dreißigjährigen Krieg und den Westfälischen Frieden (1648) markiert, in dem die politische und religiöse Zersplitterung Deutschlands bis auf Weiteres verankert werden.

Mit dem Zuwachs der Städte an wirtschaftlicher, politischer und gesellschaftlicher Macht ändern sich auch die Bedingungen, die die Entwicklung der deutschen Sprache mitbestimmen. Nach dem Klerus und dem Adel erscheint nun erstmals das **Bürgertum als Sprachentwicklungsträger**: Denn es sind meist nicht Vertreter des weltlichen oder geistlichen Adels, sondern eben Bürgerliche, die zum Beispiel in der Verwaltung der Kanzleien arbeiten, als humanistische Gelehrte innerhalb und außerhalb der neu gegründeten Universitäten erscheinen oder die (katholische) Kirche zu reformieren versuchen; auch technische Errungenschaften wie insbesondere die Erfindung und Verbreitung des Buchdrucks sind Ereignisse, die einem städtischen und damit bürgerlichen Umfeld entspringen. Diese Beobachtungen

dürfen jedoch nicht darüber hinwegtäuschen, dass das Spätmittelalter und die frühe Neuzeit nicht nur gesellschaftlich,
sondern auch sprachlich eine Umbruchperiode darstellen. Die
Ansätze zu einer überregionalen Literatursprache der Dichtung,
wie sie noch in mittelhochdeutscher Zeit zu beobachten sind,
gehen mit dem Untergang der höfisch-ritterlichen Kultur ebenfalls verloren. Die Fachsprachen der Verwaltung und des Rechts
sowie des Handwerks und verschiedener angewandter Wissenschaften bestehen nurmehr nebeneinander, ohne dass hier eine
bemerkenswerte Vereinheitlichung zu verzeichnen wäre. Hinzu
kommt, dass die politische und religiöse Zersplitterung des
Reiches den Gebrauch von örtlichen Mundarten fördert sowie die Ausbildung und den Einsatz einer Gemeinsprache oder
zumindest überregionaler Verkehrssprachen eher behindert,
wenn auch nicht verhindert. Vor dem Hintergrund dieser wachsenden Vielfalt an sprachlichen Varietäten darf die frühneu-
hochdeutsche Periode gegenüber dem Mittelhochdeutschen
sicher nicht ohne Weiteres als Fortschritt im Rahmen der Herausbildung einer deutschen Literatur- bzw. Standardsprache angesehen werden.

Das sprachliche System des Frühneuhochdeutschen ist den
Verhältnissen im Bereich der Varietäten entsprechend durch einen **Reichtum an einzelnen sprachlichen Varianten** gekennzeichnet (vgl. die folgende Tabelle). Dabei setzen sich die geschicht-
lichen Tendenzen, die sich im mittelalterlichen Deutschen gezeigt haben, fort und werden zum Teil sogar verstärkt. Dies gilt
insbesondere für den Abbau synthetischer Wortformen, die entweder weiter geschwächt (etwa durch die schwache Konjugation vormals starker Verben, was zu einem Verlust ganzer Ab-
lautklassen führt) oder durch analytische Umschreibungen
(etwa im Bereich des Konjunktivs) ersetzt werden. Hinzu
kommt hier, dass mit der Etablierung des Sechstempussystems
(nach dem Vorbild des Lateinischen) zusätzliche analytische
Umschreibungen grammatikalisiert werden, die vormals in der
Volkssprache frei konstruiert worden sind. Vor diesem Hintergrund ist es kaum überraschend, dass die Verbindlichkeit der
Wort- und Satzgliedstellung in frühneuhochdeutscher Zeit eben-

falls weiter zunimmt und dabei zur Kennzeichnung von Satzgliedern und anderen Satzteilen herangezogen wird.

	Frühneuhochdeutsch Sprachsystematische Merkmale (Auswahl)
Lautung	Monophthongierungen und Diphthongierungen (Wechsel von doppelten zu einfachen Vokalen und umgekehrt)
	Dehnungen von kurzen und Kürzungen von langen Vokalen
Form- und Wort- bildung	Abbau synthetischer Wortformen und Ausbau analytischer Umschreibungen von grammatischen Kategorien
	Herausbildung analytischer Umschreibungen für neue Kategorien (Sechstempussystem)
	verhältnismäßig stark ausgeprägte Wortbildung im Bereich der Komposition
Satzbau	zunehmende Festlegung der Wort- und Satzgliedfolge (festere Satzkonstruktionen)
Wortschatz	Erweiterung (Beeinflussung durch den Humanismus und Entlehnung)
	Entlehnungen aus dem Lateinischen und Griechischen
	Herausbildung neuer Konjunktionen
Interferenz	Einflüsse aus dem Lateinischen und dem Französischen (daneben auch Italienischen)

6.5 Neuhochdeutsch

Setzt man den Beginn der neuhochdeutschen Periode nicht in
Anlehnung an Grimm bereits mit der Wende vom 15. zum
16. Jahrhundert, sondern nach Scherer mit der Mitte des
17. Jahrhunderts an, so ergibt sich aus zeitgeschichtlicher Sicht
etwa der folgende große Abschnitt, der mit dem Zeitalter des
Absolutismus (1648–1789) beginnt und sich über die Napoleo-
nische Zeit (1789–1815), die Phase der Restauration und Revolution (1815–50), die darauf folgende Reaktion und Bismarck-
zeit (1850–90), die sog. Wilhelminische Ära (1890–1918), die
Weimarer Republik (1918–33) bis schließlich hin zur Natio-
nalsozialistischen Herrschaft im Dritten Reich (1933–45) er-

streckt. Hinzu kommen hier gegebenenfalls die Nachkriegszeit mit dem unmittelbaren Neuanfang (1945–49), die Adenauerzeit (1949–61), die Zeit vom Mauerbau bis zum Grundlagenvertrag (1961–72), die Zeit verschärfter Spannungen und der sog. deutsch-deutschen Verantwortung (1972–89) und schließlich die Phase der deutschen Einheit (seit 1989). Die **geschichtliche Einordnung des Neuhochdeutschen** orientiert sich hiernach mit dem Westfälischen Frieden und dem Ende des Zweiten Weltkriegs bzw. der Nachkriegsgeschichte an zwei bedeutsamen Eckpunkten, mit denen eine Spanne von etwa drei Jahrhunderten umrissen wird, die von ihren politischen, gesellschaftlichen, kulturellen oder wirtschaftlichen Entwicklungen und Ereignissen her betrachtet ausgesprochen vielgestaltig ist. Besonders bedeutsam für die Sprachgeschichte seit der zweiten Hälfte des 20. Jahrhunderts und unter Umständen ausschlaggebend für den Ansatz einer neuen Periode oder zumindest Etappe erweisen sich dabei gesellschaftliche Veränderungen (vgl. unten).

Ist die Gesellschaft zu Beginn der neuhochdeutschen Periode noch im Wesentlichen durch den Absolutismus geprägt, in dem auch das Bürgertum seinen festen Platz hat, so ändern sich die sozialen Verhältnisse im 19. Jahrhundert gravierend: In Folge der Industriellen Revolution entstehen in den Städten neben dem Großbürgertum mit dem sog. Proletariat (Karl Marx) und den Angestellten neue Bevölkerungsschichten; zudem werden im Rahmen der sog. Bauernbefreiung die letzten Reste des alten Feudalsystems überwunden. Als Träger der Sprachentwicklung hat im 18. und 19. Jahrhundert das **sprachlich und kulturell ambitionierte Bildungsbürgertum** (im 20. Jahrhundert dann die Gesamtgesellschaft) zu gelten, aus dem zahlreiche Gelehrte in Sprachgesellschaften, Schulen oder Hochschulen hervorgehen; hinzu kommt hier die Entwicklung des Massendrucks von Zeitungen und Zeitschriften, welche die Lesefähigkeit und -gewohnheiten der Bevölkerung wesentlich mitbestimmen. Das Neuhochdeutsche ist diejenige Periode, in der es dann unter anderem auch auf der Grundlage der allgemein anerkannten Dichtungssprache der Weimarer Klassik oder auf Grund der vielfältigen Bemühungen von Sprachpflegern und -gelehrten zur Ausbildung eines sprachlichen Standards kommt und die deutschen Fach- und Wissenschaftssprachen zum Teil internationale Anerkennung finden; die Bedeutung des Lateinischen geht dabei deutlich, wenn auch nicht ganz zurück. Im Zuge der Verbreitung der Massenpresse und des Hörfunks im 19. bzw. 20. Jahrhundert gewinnt der öffentliche Sprachgebrauch vor einem großen Publikum eine zunehmende Bedeutung, sodass sich so etwas wie eine Öffentlichkeitssprache sowie eine Sprache der Massenmedien herausbilden. Im Zuge dieser Entwicklung geraten die deutschen Mundarten zunehmend unter Druck, ändern ihre Funktion und zeigen bisweilen erste Ansätze zu einer überregionalen Vereinheitlichung, die sich dann in der zweiten Hälfte des 20. Jahrhunderts fortsetzt. Spätestens seit diesem Zeitraum ist denn auch so etwas wie eine deutsche Umgangssprache anzusetzen, die irgendwo zwischen der Standardsprache und den einzelnen Dialekten anzusiedeln ist und bis zur Jahrtausendwende zunehmend an Bedeutung gewinnt.

Auch wenn das Neuhochdeutsche zahlreiche regionale, soziale und funktionale Sprachvarietäten aufweist, so ist dessen sprachliches System vor allem im Hinblick auf die Literatur- bzw. Standardsprache von Interesse. Hierbei sind einige **Systemmerkmale des Neuhochdeutschen** hervorzuheben (vgl. die folgende Tabelle). Diese bestehen auf den Ebenen der Lautung im Wesentlichen in einer verbindlichen Festlegung von neuhochdeutschen Varianten, die nun eine breite regionale und funktionale Gültigkeit besitzen. Im Bereich der Formbildung setzt sich die historische Tendenz zum Abbau synthetischer Formen und zum Ausbau analytischer Umschreibungen weiter fort und findet, wie auch die weitgehend verbindliche Wort- und Satzgliedstellung, ebenfalls ihren Niederschlag in einer deskriptiven und normativen Grammatikschreibung. Auffällig ist die deutliche Zunahme an Wortbildungen im Neuhochdeutschen (die auch als Kompensation für den Formenabbau aufgefasst werden kann). Der Wortschatz der neuhochdeutschen Standardsprache zeichnet sich durch eine im Vergleich zu anderen sprachlichen Varietäten große Vielfalt an Einsatzmöglichkeiten aus. Dies liegt daran, dass er zahlreiche Wörter und Begriffe aus solchen fachlichen und anderen Bereichen enthält, die für die allgemeine Kommunikation in großen Teilen der Bevölkerung von besonderer Bedeutung sind; dies gilt auch für Entlehnungen aus dem Französischen und aus dem Englischen, die sich meist auf etwas beziehen, das aus dem entsprechenden Sprachraum in das Deutsche gelangt.

Neuhochdeutsch Sprachsystematische Merkmale (Auswahl)	
Lautung	Standardisierung der Aussprache (im öffentlichen Sprachgebrauch)
Schreibung	Herausbildung einer vereinheitlichten Orthographie
Form- und Wortbildung	historisch relative Armut an synthetischen Wortformen und Reichtum an analytischen Umschreibungen
	stark ausgeprägte Wortbildung, insbesondere im Bereich der Komposition (mehrgliedrige Zusammensetzungen)
Satzbau	historisch relativ feste Regelung der Wort- und Satzgliedfolge (verhältnismäßig feste Satzkonstruktionen)
Wortschatz	Beeinflussung durch die Aufklärung und zahlreiche andere geistesgeschichtliche Strömungen vom 18. bis zum 20. Jahrhundert
	Verwissenschaftlichung und Technisierung (der Standardsprache durch die Fachsprachen)
	Popularisierung (der Literatur- bzw. Standardsprache in weiten Bevölkerungsteilen)
Interferenz	Einflüsse aus dem Französischen (17./18. Jahrhundert) und aus dem Englischen (19./20. Jahrhundert)

6.6 Gegenwartssprache

Ob mit dem Ende des Zweiten Weltkriegs eine neue Periode der deutschen Sprachgeschichte beginnt, ist und bleibt umstritten: Diese Frage wird sich erst in einigen Jahrzehnten oder gar Jahrhunderten klären lassen. Fest steht jedoch, dass das Deutsche nach 1945 einige wichtige Veränderungen zeigt, die belegen, dass seine Geschichte noch lange nicht abgeschlossen ist, sondern sich in einem fortwährenden Entwicklungsprozess befindet. Auch diese sprachlichen Veränderungen sind auf die gesellschaftlichen Verhältnisse zurückzuführen, wobei die moderne **Massengesellschaft als Träger der sprachlichen Entwicklung** erscheint: Es sind heute kaum mehr einzelne soziale Gruppen allein, von denen merkliche Impulse auf die Entwicklung der deutschen Sprache ausgehen. Die Veränderungen, die in der deutschen Gegenwartssprache festzustellen sind, spiegeln vielmehr die Verhältnisse innerhalb der gesamten Bevölkerung wider, die im Unterschied zu früheren Zeiten durch eine hohe regionale und soziale Mobilität und eine Bildung unterschiedlicher sozialer Milieus gekennzeichnet ist.

Dies zeigt sich insbesondere im **Bereich der sprachlichen Varietäten**: Ungeachtet des weit reichenden Verlusts deutschsprachiger Dialekträume in Osteuropa, nimmt auch die Bedeutung von Mundarten in der modernen Gesellschaft im Allgemeinen immer weiter ab. Dies bedeutet jedoch nicht zwangsläufig, dass die deutschen Dialekte von einem Aussterben bedroht seien: Da sie noch immer als Mittel zur Schaffung regionaler Identität dienen, werden sie wohl auch in Zukunft bestehen, selbst wenn sie an Gewicht im öffentlichen oder beruflichen Sprachgebrauch eingebüßt haben. Die Bedeutung von Fach- und Sondersprachen nimmt seit der Mitte des letzten Jahrhunderts nicht ab, selbst wenn in Zeiten wachsender Internationalisierung (Europäisierung und Globalisierung) das Englische im internationalen Sprachgebrauch das Deutsche (wie viele andere Einzelsprachen auch) zu verdrängen droht, im Gegenteil: Auf nationaler Ebene spielt der Gebrauch von Sprache in Handel und Gewerbe, Dienstleistung und Verwaltung, Technik und Wissenschaft sowie Bildung in Schule in Hochschule eine immer wichtigere Rolle, die auch im Rahmen der Sprachdidaktik Berücksichtigung zu finden hat. Dies gilt auch für den Sprachgebrauch in der Politik, wobei sich der Sprachunterschied zwischen Ost und West, der noch vor wenigen Jahrzehnten bisweilen sogar als Merkmal einer eigenen sprachgeschichtlichen Periode herhalten musste, mit der Vereinigung der beiden deutschen Staaten weitgehend überholt hat.

Im Ganzen ist festzustellen, dass der öffentliche Sprachgebrauch in Deutschland zahlreichen Einflüssen aus Politik, Verwaltung, Wissenschaft, Technik, Kultur, Beruf und Freizeit usw. unterliegt. Dabei spielen insbesondere auch die Massenmedien wie Funk und Fernsehen, Telefon und Handy sowie in jüngerer Zeit das Internet und die mit ihm verbundenen Dienste wie E-Mail oder das World Wide Web eine wichtige (wenn auch noch nicht abschließend zu beurteilende) Rolle. Der allgemeine Sprachgebrauch neigt dabei verstärkt zu **sprachlichen Varianten und fremdsprachlichen Interferenzen**, die die Verbindlichkeit der standardsprachlichen Normen, die im Wesentlichen ein Ergebnis intensiver Bemühungen aus dem 19. Jahrhundert sind, zu lockern (wenn nicht gar im Ansatz zu unterlaufen) beginnen (vgl. abschließend die folgende tabellarische Übersicht).

Diese Lockerung standardsprachlicher Normen hat in jüngerer Zeit zu einer vermehrten **Diskussion über richtiges und gutes Deutsch** in der Öffentlichkeit geführt (zu denken ist hier nur an die Fremdwortfrage oder die Rechtschreibreform). Diese Diskussion mag aus sprachwissenschaftlicher (bisweilen auch aus politischer und sozialer) Sicht nicht immer angemessen sein, ist aber dennoch von großer Bedeutung: Denn sie zeigt das rege Interesse an der Sprache als einer wichtigen kulturellen und sozialen Grundlage unserer vielgestaltigen, um nicht zu sagen: plurizentrischen und multikulturellen Gesellschaft. Dieses Interesse wach zu halten und zu fördern, ist eine wichtige Aufgabe der Bildungspolitik, da die Diskussion über eine Sprache immer auch eine Diskussion über eine Gesellschaft ist. Die Aufgabe von Sprachwissenschaft und Sprachdidaktik ist es dabei, auch die erforderlichen Modelle und Befunde bereitzustellen, damit diese Diskussion zu begründeten und gerechten Urteilen kommen kann und sich nicht im Nebel unbegründet gefasster Vorurteile verliert. Hierbei kommt insbesondere auch der Betrachtung der deutschen Sprachgeschichte eine bedeutende Rolle zu: Denn nur mit Kenntnis der Vergangenheit der deutschen Sprache können wir ihre Gegenwart hinreichend begreifen und angemessen beurteilen.

	Gegenwartssprache Sprachsystematische Tendenzen (Auswahl)
Lautung	Abschwächung der Vokale in unbetonten Nebensilben bis zu deren Schwund
	partielle Beibehaltung der Aussprache von Wörtern anglo-amerikanischer Herkunft
Schreibung	geduldete (teils gewollte) Zulassung von alternativen Schreibungen
Form- und Wort-bildung	Abnahme der synthetischen Kasuskennzeichnung (Rückgang von Genitiven; Unsicherheit bei Unterscheidung Dativ und Akkusativ)
	Ausbau von synthetischen Kennzeichnungen des Plurals bei Substantiven
	Überführung starker Verben in die schwache bzw. regelmäßige Konjugation
	Ersatz synthetischer Konjunktiv-Formen durch die analytische Umschreibung mit *würde*
	Ausbau der Wortbildung im Bereich von Komposition (Bildung von Suffixoiden) und Abkürzungswörtern (Initial- und Kurzwörter)
	Rückgang der Wortbildung im Bereich der Komposition (Gliederzahl von Komposita)
Satzbau	Gebrauch von Funktionsverbgefügen bei gleichzeitigen Nominalisierungen (Nominalstil)
	Rückgang von Gliedsätzen und Ausbau von einzelnen Satzgliedern (Nominalstil)
	Zunahme von Präpositionalphrasen (auch als Alternative für synthetische Kennzeichnungen)
	zunehmende Ausklammerung (insbesondere im Bereich der Verbklammern)
Wortschatz	Verwissenschaftlichung und Technisierung (vgl. oben)
	Popularisierung (der Standardsprache durch gruppenspezifische Wörter etwa der Jugendsprache)
Interferenz	Einflüsse aus dem amerikanischen und britischen Englisch

Literaturhinweise
(Auswahl)

Gesamtdarstellungen

Eggers, Hans: Deutsche Sprachgeschichte. 2 Bde. Reinbek 1986.

Polenz, Peter von: Deutsche Sprachgeschichte vom Spätmittelalter bis zur Gegenwart. 3 Bde. Berlin, New York 1994–2000.

Roelcke, Thorsten: Sprachtypologie des Deutschen. Historische, regionale und funktionale Variation. Berlin, New York 1997.

Schmidt, Wilhelm (Begr.): Geschichte der deutschen Sprache. Ein Lehrbuch für das germanistische Studium. 10., verb. und erw. Auflage; bearb. von Helmut Langner und Norbert Richard Wolf. Stuttgart 2007.

Sonderegger, Stefan: Grundzüge deutscher Sprachgeschichte. Diachronie des Sprachsystems. Bd. I: Einführung – Genealogie – Konstanten. Berlin, New York 1979.

Sprachgeschichte. Ein Handbuch zur Geschichte der deutschen Sprache und ihrer Erforschung. 2., vollst. neu bearb. Aufl. Hrsg. von Werner Besch, Anne Betten, Oskar Reichmann, Stefan Sonderegger. 4 Teilbde. Berlin, New York 1998–2004.

Sprachgeschichtliche Perioden

Bergmann, Rolf; Peter Pauly; Claudine Moulin: Alt- und Mittelhochdeutsch: Arbeitsbuch zur Grammatik der älteren deutschen Sprachstufen und zur deutschen Sprachgeschichte. Göttingen 2004.

Braun, Peter: Tendenzen in der deutschen Gegenwartssprache. Sprachvarietäten. 4. Aufl. Stuttgart 1998.

Hartweg, Frederic; Klaus-Peter Wegera: Frühneuhochdeutsch: Eine Einführung in die deutsche Sprache des Spätmittelalters und der frühen Neuzeit. 2., neu bearb. Aufl. Tübingen 2005.

Hennings, Thordis: Einführung in das Mittelhochdeutsche. 2. durchges. und verb. Aufl. Berlin, New York 2003.

Roelcke, Thorsten: Periodisierung der deutschen Sprachgeschichte. Analysen und Tabellen. Berlin, New York 1995.

Sonderegger, Stefan: Althochdeutsche Sprache und Literatur. Eine Einführung in das älteste Deutsch. Darstellung und Grammatik. 3., durchges. und wesentlich erw. Aufl. Berlin, New York 2003.

Einzeldarstellungen

Admoni, Wladimir: Historische Syntax des Deutschen. Tübingen 1990.

Behaghel, Otto: Deutsche Syntax. Eine geschichtliche Darstellung. 4 Bde. Heidelberg 1923–32.

Deutsche Wortgeschichte. Hrsg. von Friedrich Maurer und Heinz Rupp. 3., neubearb. Aufl. 3 Bde. Berlin, New York 1974–78.

Ebert, Robert Peter: Historische Syntax des Deutschen. 2. Aufl. Stuttgart 2002.

Ebert, Robert Peter: Historische Syntax des Deutschen II. 1300–1750. 2. überarb. Aufl. Berlin 1999.

Gardt, Andreas: Geschichte der Sprachwissenschaft in Deutschland. Vom Mittelalter bis ins 20. Jahrhundert. Berlin, New York 1999.

Kern, Peter Chr.; Herta Zutt: Geschichte des deutschen Flexionssystems. Tübingen 1977.

Kienle, Richard von: Historische Laut- und Formenlehre des Deutschen. 2., durchges. Aufl. Tübingen 1969.

Niebaum, Hermann; Jürgen Macha: Einführung in die Dialektologie des Deutschen. 2., neu bearb. Aufl. Tübingen 2006.

Nübling, Damaris: Historische Sprachwissenschaft des Deutschen. Eine Einführung in die Prinzipien des Sprachwandels. 2. Aufl. Tübingen 2008.

Roelcke, Thorsten: Fachsprachen. 2., durchges. Aufl. Berlin 2005.

Szulc, Alexander: Historische Phonologie des Deutschen. Tübingen 1987.

Grammatiken

Braune, Wilhelm: Althochdeutsche Grammatik I: Laut- und Formenlehre. 15. Aufl., bearb. von Ingo Reiffenstein. Tübingen 2004.

Duden. Die Grammatik. 7., völlig neu erarb. und erw. Aufl. Mannheim [et al.] 2006.

Graf, Michael: Mittelhochdeutsche Studiengrammatik. Eine Pilgerreise. Tübingen 2003.

Grammatik des Frühneuhochdeutschen. Beiträge zur Laut- und Formenlehre. Hrsg. von Hugo Moser, Hugo Stopp und Werner Besch. 7 Bde. Heidelberg 1970–91.

Paul, Hermann: Mittelhochdeutsche Grammatik. 25. Aufl. Neubearb. von Thomas Klein, Joachim Solms und Klaus-Peter Wegera. Mit einer Syntax von Ingeborg Schröbler, neu bearb. von Heinz-Peter Prell. Tübingen 2007.

Reichmann, Oskar; Klaus-Peter Wegera (Hrsg.): Frühneuhochdeutsche Grammatik. Bearb. von Robert Peter Ebert [et al.]. Tübingen 1993.

Schrodt, Richard: Althochdeutsche Grammatik II: Syntax. Tübingen 2004.

Zifonun, Gisela; Ludger Hoffmann; Bruno Strecker [et al.]: Grammatik der deutschen Sprache. 3 Bde. Berlin, New York 1997.

Wörterbücher

Benecke, Georg F.; Wilhelm Müller; Friedrich Zarncke: Mittelhochdeutsches Wörterbuch. 3 Bde. (Leipzig 1854–1866). Stuttgart 1990.

Duden. Das große Wörterbuch der deutschen Sprache. 3. Aufl. 10 Bde. Mannheim 1999.

Frühneuhochdeutsches Wörterbuch. Hrsg. von Ulrich Goebel und Oskar Reichmann. Bearb. von Oskar Reichmann [et al.]. 4 Bde. [weitere Bde. in Bearb.]. Berlin, New York 1989ff.

Kluge, Friedrich: Etymologisches Wörterbuch der deutschen Sprache. Bearb. von Elmar Seebold. 24. durchges. und erw. Aufl. Berlin, New York 2002.

Lexer, Matthias: Mittelhochdeutsches Taschenwörterbuch. 38. Aufl. mit Nachträgen von Ulrich Pretzel. Stuttgart: Hirzel 1992.

Paul, Hermann: Deutsches Wörterbuch. Bedeutungsgeschichte und Aufbau unseres Wortschatzes. Hrsg. v. Helmut Henne, Heidrun Kämper-Jensen und Georg Objartel. 10. überarb. u. erw. Aufl. Tübingen 2002.

Schützeichel, Rudolf: Althochdeutsches Wörterbuch. Überarb. und um die Glossen erweitert. 6. Aufl. Tübingen 2006.

Sonstiges

Bußmann, Hadumod (Hrsg.): Lexikon der Sprachwissenschaft. 3., aktual. und erw. Aufl. Stuttgart 2002.

Frühneuhochdeutsches Lesebuch. Hrsg. von Oskar Reichmann und Klaus-Peter Wegera. Tübingen 1988.

Kleine Enzyklopädie – Deutsche Sprache. Hrsg. von Wolfgang Fleischer [et al.]. Frankfurt/M. 2002.

König, Werner: dtv-Atlas Deutsche Sprache. 16. Aufl. München 2007.

Rolle, Sabine: Mittelhochdeutsches Lesebuch. Berlin, New York 2005.

Schlosser, Horst (Hrsg.): Althochdeutsche Literatur. Mit altniederdeutschen Textbeispielen. Auswahl mit Übertragungen und Kommentar. 2. Aufl. Berlin 2004.

Trabant, Jürgen: Was ist Sprache? München 2008.

Register